U0135561

一本書系列 7

摩西與一神教

佛洛伊德◎著

張敦福◎譯

唐諾◎選書・伴讀

Moses and Monotheism

SIGMUND FREUD

07

下一本書
就藏在此時此刻
你閱讀的這本書裏

【一本書】系列 FB0007

摩西與一神教
Moses and Monotheism

作者　佛洛伊德（Sigmund Freud）
譯者　張敦福
選書主編　唐　諾
責任編輯　鄭立俐
封面設計　王小美

發行人　蘇拾平
出版　臉譜出版
發行　城邦文化事業股份有限公司
　　　台北市民生東路二段 141 號 2 樓
　　　電話：（02）2500-0888　傳真：（02）2500-1938
　　　讀者服務專線：（02）2500-7397
　　　讀者訂閱傳真：（02）2500-1990
　　　郵撥帳號：1896600-4
　　　城邦網址：http://www.cite.com.tw
香港發行所　城邦（香港）出版集團有限公司
　　　香港北角英皇道310號雲華大廈4字樓504室
　　　電話：25086231　傳真：25789337
　　　E-mail: citehk@hknet.com
馬新發行所　城邦（馬新）出版集團
　　　Cité (M) Sdn. Bhd. (458372 U)
　　　11, Jalan 30D/146, Desa Tasik, Sungai Besi,
　　　57000 Kuala Lumpur, Malaysia
　　　電話：603-90563833　傳真：603-90562833
　　　E-mail: citekl@cite.com.tw

初版一刷　2004年4月20日
ISBN　986-7896-62-9
定價　220元

選書說明

（一）【一本書】系列是讀者觀點的選書——我們最重要的原則是，這裏的每一本書都必須是選書人自己真心想看的書。我們相信閱讀的共通性、對話性本質，選書人必須回復到讀者身分、回歸最素樸的閱讀身分，才能找到閱讀的書，而不是販賣的書。

（二）【一本書】系列不是連續性的單一叢書系列，而是一本一本個別挑選的書——我們相信，讀書的人書是一本一本買的，也是一本一本讀的，我們必須配合這個閱讀本質，讓閱讀可以隨時從其中任一本書開始，並在其中任一本書完成。

（三）【一本書】系列是嘗試和當下的閱讀處境對話的選書——我們會在每一本書前的【伴讀】文字中說明，這本書和我們當下思維的牽扯和啟示，並揭示其中一種可能的閱讀途徑。

目錄

【伴讀】
從種族一神到普世一神

唐 諾

　　古爾德是我個人這些年來最喜歡、最真心歎服的古生物學者，可能還不只是古生物學這一項，還包括他生物學背後的哲學思考，以及他幽默動人的書寫講述技藝。就我個人閱讀所及，台灣至少出版了他四部著作，每一本都值得一讀再讀，其中《達爾文大震撼》書中談到一段佛洛伊德的精采發言，有關人的生物演化大關鍵，究竟是先完成直立的兩腳行走？抑或先完成今天我們引以為傲的、以為真的讓我們從鳥獸蟲魚中卓然分別出來的碩大「巨腦」？

　　超過百年以上，包括就事論事的古生物學者，也包括最侈言空想的哲學家文學家，絕大多數都把答案押在

「巨腦」上頭——人之異於禽獸幾希，的確這樣，從昔日解剖學乃至今天的基因蔚然成風研究，無不得到近似這句中國古老智者之語的結論，然而，當我們抬頭看今天的「末端成果」、看眼前世界被我們人類單單一個物種搞成何等模樣，我們人又多奇特多真實差異的從芸芸物種之中悍然獨立出來，包括和我們生物條件幾無差別的聰慧黑猩猩。因此，我們也就很容易相信，這跑不快、跳不高且根本飛不起來的脆弱人類，所可倚仗的斷非生物性的肌骨筋肉，而是「智慧」，或科學點、唯物點來說，大腦。

然而，佛洛伊德卻選擇站人少的那邊，他斷言，「人類的文化之所以能發祥，起源於我們的祖先採取了直立的姿勢。」——三句話離不開「性慾」本行的佛洛伊德以為，正因為我們採取了直立的姿勢，所以人類的感官才從嗅覺改變成以視覺為主（多精巧的發見！），此種降低嗅覺地位的變化，使得女性對男性施以性刺激的主要方式，從原本斷續性的發情期氣味散發，轉變成雌性生殖器官的連續性視覺刺激，因此，人類不是在短暫的排卵季節才進行功能性的交配，而是幾乎在任何時候都

有性活動，如此持續性的性活動，讓人類發展出更穩固的「配偶／家庭」關係，從而人類的特殊文化活動堆積才成為可能云云。

今天，人類早期化石，尤其是南猿化石的持續出土，把勝利判給了佛洛伊德這一端：直立的確是先完成的，大腦只是直立之後的自然衍生物或副產品。但古生物學者的解釋遠比佛洛伊德的性慾注目來得素樸且全面，就像奧坎簡明扼要的話：「人類站著走路，所以獲得自己的特性；也就是在雙手自由之後，才可以得到心智的自由。」

古爾德（以及一干直立派的生物學者）進一步說明，雙手解放出來，不再如獸類的前肢受制於著地奔跑的功能（平坦厚實的掌心和平行而生的指頭），可執行更精緻複雜的抓握之事，開啟了往後的工具和武器的製作，這才帶動了相應於雙手如此功能的必要腦部發展。或更完整來說，人直立起來，這個新的姿勢，有機的牽動了整個生物結構的配合變化，從腿骨、盆骨、脊椎到顱骨的外表形態到內部構造的一系列變動，比方說腿骨得更強壯、更富支撐力好獨立支起整個直立的軀體；比

方說盆骨部位的因此調整使雌性的陰部向前移，從而適合正面的、所謂「正常體位」（只對直立的人類而言正常）的新交配姿勢；比方說更有趣更重要的，我們喉部的發音部位因此和猿類有了微差，能發出更複雜、多樣、精緻的聲音，人類往後的語言發展，在這裏意外的取得了決定性的第一步等等。

是這些精緻的新功能出現，才再進一步牽動了大腦的了不起發展。

說大腦是衍生物、是副產品，並沒要否認今天一個人皆可見的素樸事實：人類今天暫居於萬物之上，擁有偉大（或作惡多端）的力量的確主要來自大腦──這裏，古生物學者溯回洪荒的時間之路，只是忠誠的為我們揭示事實。生命持續浸泡在偶然的、隨機的大海之中，面對當下的、局部性特殊性的環境敵意做出一次又一次細緻的調整、回應並奮力突圍向前，很多日後證明是最重要、最強力的成果和發明，往往並非始料所及，在最原初既非目的，其發展路程也不是直線。就像古騰堡當時發展了印刷術原為了傳教，卻讓人的知識因此取得驚人的傳佈力量反倒瓦解了神；就像我們今天消耗量

驚人的男性聖藥威而鋼，本來是因為心臟血管的治療功能而生的，卻在更形而下處找到沛然莫之能禦的威力。

這種隨機的、不存在終極意志和目的的生命進展「模式」，通常會讓人沮喪、爽然若失，但古爾德建議我們由此去欣賞生命的豐富、繽紛和自由，去欣賞生命如何在次次不同但持續施壓的天擇底下各自勇敢前進，這正是他另一部著作《壯闊的生命》書名之所從來——我也建議我們至少先記得如此「模式」，這會提供閱讀這本《摩西與一神教》另一個有意思的視野。

● 摩西·一個被殺的埃及人？

《摩西與一神教》是佛洛伊德對人類思維世界的最後一次貢獻，或說最後一次闖禍，它事實上由三篇（三波）論文所組成，其中第三篇的〈摩西，他的人民和一神教〉直到 1938 年春天他逃離歐陸抵達英國倫敦才發表（當時佛洛伊德說：「我又能講話和寫作了——我差點說成是『和思想了』……」，這是頗辛酸的告白），這時他已高齡 82 了，而整體成書則還要等到來年的 1939，事實

上這也正是佛洛伊德撒手死去的一年——因此，這本尤其對佛洛伊德本人猶太裔身分極具爆炸力的書，的確有種打了就跑的意味，至少如果憤怒的猶太人要拿石頭打死他（根據《聖經·舊約》，係承傳自摩西律法的古老猶太刑罰）也來不及了。

今天，我們所讀《聖經》的前五篇，〈創世紀〉〈出埃及記〉〈利未記〉〈民數記〉到〈申命記〉，習慣稱之為「摩西五經」，這個並不精確的稱謂，並非斷言猶太人的「信史」由此開始，但一般比較信靠歷史而非宗教的學者傾向於相信，猶太民族的模糊建構成型可由摩西做為一個起點，如〈利未記〉的祭司階級建立並世襲，如〈民數記〉的十二支派分割確定以及人口普查，如〈申命記〉的律法訂定云云，由此定點，猶太人才回頭回憶之前的約瑟、雅各、亞伯拉罕、諾亞直至亞當夏娃，拼湊出他們的來歷和創世神話，因此，摩西是猶太人的第一個先知，也是第一個民族英雄，他把猶太人從埃及法老王統治底下帶領出來，也把猶太人從蒙昧不明的歷史之中帶領出來。

但佛洛伊德卻說摩西是埃及人，一神教是埃及宗

教，而且摩西還被他的猶太子民所弒殺，一切榮光歸於外族，源自敵人，光是這份勇氣和想像力，這本書就值得我們一讀。

但這是真的嗎？我想，一開始就急著問這樣的終極答案儘管很人性，但卻是不太恰當的。正如佛洛伊德說的，「如果所流傳下來的關於過去的一切，都是我們稱之為傳說的東西，一些不完全的和模糊的記憶，那麼，這對藝術家來說具有特別的吸引力，因為在那種情況下，他可以自由地根據他想像的慾望來填補記憶的空白，來描繪他希望根據他的意圖來再現的那一段時期。我們可以這麼說，傳說愈是含混不清，它對於詩人就愈有用。」因此，比較正確的方法是壓住我們對真假判定的渴望，好好欣賞一次思維的詩意演出，把疑惑保留到路的末端再來下判決，甚至不下判決，留住疑惑成為我們再思索再學習的強大驅力。

這部詩意的《摩西與一神教》，如果我們不從論文分篇的角度，而從編織論證的角度來看，它明顯斷成兩大塊，前半是佛洛伊德在《聖經》經文、傳說和歷史材料的採擷揀擇，後半則是他「打回原形」的數十年如一日

的一貫心理學老本行老主張。很清楚但多少有點狡獪的是，其中真正居指導作用、屬於佛洛伊德「意圖」或「想像慾望」的，顯然是後半段才露出的心理學主張這部分（「創傷」「壓抑」「記憶／失憶」「弒父」「禁忌」「圖騰」云云），由此堅定的指引，佛洛伊德選取了他所需要的歷史材料和解釋，包括埃及史上短暫出現如曇花又旋即消滅的「阿頓神」一神改革、包括摩西的埃及王室身分或說童年奇遇、包括利未人祭司階級的身分來歷之謎，以及細瑣但讓人會心的，摩西不擅言辭的《聖經》明文記載，需要由亞倫代言，佛洛伊德以為這正是摩西埃及人不懂猶太語言、需要同步口譯的證據（至於摩西初次需要口譯的談話對象是法老王，要說服他准許猶太人離開，這就沒辦法面面俱到，只能說是傳說的變形了）。

總的來說，在這個充滿想像力的佛洛伊德劇本之中，真正關鍵的是摩西死亡這件事，不能讓他如〈申命記〉最末尾，登尼波山，站上毘斯迦山頂遙望許諾的迦南地，咫尺天涯的孤獨平靜死去（「年 120 歲，眼目沒有昏花，精神沒有衰敗」），而是摩西得被忘恩的猶太人弒

殺，讓這個滔天罪惡藏入代代傳說的幽黯處，成為猶太民族的「童年創傷」，歷經漫長歷史的潛伏和壓抑，最終以尖銳的一神信仰（以及「救世主死後復活」「原罪」等等）顯現出來，這完全符合佛洛伊德神經症的公式：「早期創傷─防禦作用─潛伏期─神經症發作─被壓抑事物的回歸」。對無神信仰的佛洛伊德而言，宗教本來就是一種幻覺，一種典型的神經症狀。

至於劇本中最燦爛奪目「摩西是埃及人」這部分，相對來說，毋寧只是情節輔助和美學效果──摩西又得死，又得在不整個推翻《舊約》記載讓他繼續帶領猶太人曠野流浪一整代人，便有必要把活太久的摩西（120歲其實在《舊約》早期人物中已接近夭折了，像諾亞活了950歲，亞伯拉罕175，以撒180等等，這是個有驚人長壽基因的譜系）一分為二，斷成前「埃及人摩西」和後「米底祭司葉忒羅女婿摩西」兩人，好分別赴死和前進；同時，摩西是埃及人這個宣告，的確為本書帶來驚怖的、奪人耳目的暴力美學效果。

但這裏卻也透露了佛洛伊德本人的某種思維模式，一種靜態的、單線傾向的、甚至太嚴謹因果秩序的思維

模式——此種十八世紀理性時代傾向（或變形）的模式，要求佛洛伊德為「猶太一神教」這個重大而且日後撼動整個世界的重大發明找出單一根源，如果我們將一神教視為抽象的、後泛靈崇拜的、得冥想建構起宇宙完整層疊秩序的進步宗教產物，那顯然不太合於彼時逃生救死不暇乃至只知殺戮掠奪的草創猶太部落，因此，一神教得另覓出處，頂好是源於另外一個相對進步文明的社會，於是久遠輝煌的埃及便適時適所補了進來。至於埃及彼時的宗教信仰、哲學思維和社會空氣是否相應於一神信仰、足堪成為如此一神信仰的孕生土壤，急躁頑固的佛洛伊德顯然是不管的。

● 未完成的一神

然而我們得說，把一神教推給埃及歷史一個短暫、曖昧乃至可疑的出處（極可能只是某種奉神之名的權力鬥爭或某個法老王的心血來潮狂想），並沒真正面對一神教的發生問題，遑論解決——當然佛洛伊德沒任何義務要幫我們解決這事，他的論文注目是猶太而非埃及，但

這總讓我想起一個俚俗的台灣民間白吃老笑話，說某人到飯館點了炒麵，又和老闆商量用炒麵等價換成包子，吃完老闆問他要錢，他理直氣狀說：「包子是拿我的炒麵換成的，為什麼要錢？」「那你得付炒麵的錢。」「炒麵我又沒吃，憑什麼要我付錢？」

宗教者普遍相信「神依照自己的形象造人」這種神蹟，但比較正確的是「人依照自己的形象造神」。所以英國的凱萊特在他《宗教的故事》書中心平氣和的說：「無可避免的是，所有的神祇都只是人的創造，而部族的神則是各部族所創造的，他們明確的表達出他們的民族特性，正像一本書顯示其作者的風格一樣，但他們決不能在智力和道德上超過那些創造他們的人。」——也就是說，個人的創造發想可以離奇的、遠遠超越其身處的時代，然而，宗教崇拜由於牽涉到集體的人，因此不得不受制於集體公約數的智識道德水平，也因此，宗教信仰便烙著社會進展一時一地的特殊印記，我們考察昔日宗教信仰的同時，其實也相輔相成的豐富了我們對彼時社會狀態的理解。

如此說來，便不是佛洛伊德「該不該」為我們進一

步揭示一神教根源的問題，而是他這種找出單一出處便安心存檔到此為止的思維方式，很可惜的無助於（甚至取消了）我們對猶太民族長期歷史、政治、經濟、社會實況和日常生活方式的思索理解，從而也讓我們失去了對一神信仰的再深一層探問。

所以，俄國的巴赫金準確的指出佛洛伊德（及其宗派）的一貫大毛病：人在此理論中僅僅被當成一種純粹的生物現象，脫離了他存在的社會歷史條件。「人的本質並不是單個人所固有的抽象物，在其現實性上，它是一切社會關係的總和……」

基本上，一神教不是「射出成型」、一次完成的獨特封閉性概念，而是歷經了長時間發展，變異，並隨著社會歷史的進展時時得做出必要調整的崇拜思維；它真正的精義甚至還不是神的數量問題，從而在一神和多神之間劃開壁壘分明的兩方。事實上，某些一神崇拜的實質內容和多神崇拜並沒太大差別，比方說北美印第安的祖尼族便是單純的一神信仰者，祖尼人相信宇宙中只有一個神阿翁納維洛納，由祂創造世界並統治。

同樣的，猶太一神教之所以特別，不在於它是一神

教完成品，而恰恰在於它的未完成，它不斷變異、更新，充滿彈性以符合不同時代不同地區的這個能耐，從而使這個原是小部落的、只知殘酷殺人掠奪的、幾近是實體的一神，最終發展成普世的、公義愛人的、超越時空的神。最原初的猶太人並不能預見如此的變化，而在過程中他們甚至是極力抗拒，事實上，在最終一次大跳躍由猶太神升級成普世神時，猶太人並沒真正跟上，猶太人釘死了耶穌（羅馬人本來打算放了他），又三番兩次意圖殺害關鍵使徒保羅不果（羅馬人保護了保羅），猶太教和基督教便在此正式分道，猶太人也從此永遠背負著殺害救世主的罪名，讓後來對他們的迫害有著方便的藉口。

● 種族爭戰的時刻

當然，多神崇拜在最初是比較「自然」的，因為一開始宗教並不是一組結構漂亮的道德系統，或甚至一整套宇宙秩序的思維。最原初的崇拜和道德殊少牽扯，它毋寧是功利的，如弗雷澤說：「宗教被認為是一種超人

的控制自然發展或人類生命進程的撫慰或調節力量。」問題在於,人的慾望和恐懼是多樣的、多層面的,一如他的生存有諸多需求,他要食物,要生殖繁衍,要面對生老病死,要防禦陌生人的殺戮掠奪,要晴天要雨水,要免於不定時暴烈襲來的毀滅性厄運云云,他需要多種正面的神祕力量幫助他撫慰他,也需要巴結多種邪惡力量以躲避攻擊。今天,我們站在某種除魅之後的歷史點上,當然可以說這些是「幻覺」,就算這樣這也不是「一種」特定的幻覺,而是諸多細碎的、黏附於生活的幻覺,並不急於組織起來,因為人們在意的是崇拜是否「有效」,而不是首尾邏輯一貫秩序井然。

因此,要問從埃及出走、流浪於曠野並覬覦迦南牛奶與蜜之地意圖暴力奪取的猶太部族何以把神凝結為一,也許我們可轉而詢問,到底發生了什麼事使人們的多元需求尖銳的收攏成單一需求?最顯著是在有著單一巨大危難到生死存亡繫乎一線的特殊時刻,就像今天各民主國家護衛著多元民主的憲法,同時也都有緊急權力賦予掌權者的特殊設計,人們甘心(或不太甘心)拋棄或至少凍結自身的多元需求及其權力主張,以換取一個

強大的臂膀好先度過眼前難關再說。

因此，儘管糅合了神典（E）耶典（J）、成書晚於西元七世紀，但今天我們看《舊約》，尤其是「摩西五經」裏的猶太一神耶和華，基本上仍清楚保持著種族動員的暴戾形象，彼時的耶和華是戰神、部落神、火山神，或祂自己最愛自稱的「忌邪的神」，頒佈諸多唯一死刑的簡陋律法而殊少道德關注（種族動員時亦是道德凍結時），他通常嚴格要求擊殺戰敗外族的一切有生之物，不留活口，最仁慈的一次則要求大衛王用繩子丈量俘虜大小，「量二繩的殺死，量一繩的存留」以斬草除根對手的一切可能戰力。其中更代表性的是〈撒母耳記上〉的一段記述，彼時猶太的第一位國王掃羅，不管是基於一念不忍或貪財，只是放過了亞瑪力王亞甲一人和畜群沒殺，由此便大大激怒耶和華，決定要將這個新國家「賜與比你更好的人」。

另外，彼時猶太人的基本生活形態十分簡單，遊牧加掠奪是他們曠野流浪一代人的生活基調，不像農耕者安居者有諸多生活牽扯諸多需求，適合此種部落戰鬥縱隊的形態──也因此，最終仍保持這種部門戰鬥一神純

粹性的，不是後來建國定居並改變生活方式的猶太教基督教，而是持續留在沙漠呼嘯來呼嘯去的回教徒，他們才是禁絕一切偶像崇拜的真正一神教者，連實相的繪製雕塑都不允許，這也是回教世界幾何式美學和文字書寫美學高度發達的原因。

然而，這樣的神，這樣的種族動員畢竟是寂寞的，人的多元需求只是暫時被壓抑而不是獲得解決，人的諸多恐懼（如生育）也不是只知戰鬥的耶和華所可撫慰，時間一拉長，便有出邊出沿的危險，因此早在〈出埃及記〉曠野流浪途中，便有猶太人回頭鑄造金牛犢（西亞一帶的傳統豐收神）的背叛情事發生；而真正不可避免的危機，尤其出現於猶太人在迦南地取得決定性勝利、佔取豐腴土地可定居過好生活之後，《聖經》中有兩段有趣的記載，一是猶太人立王正式建國的事，另一則是耶和華神殿的延遲建造和其最終完成。

立王的事在〈撒母耳記上〉，當時猶太人群起向先知撒母耳要一個正式的國王，撒母耳（以及他所獨佔的耶和華）十分不悅，但拗不過群眾壓力只得應允，撒母耳這裏講了一段恐嚇但不失意味深長的話：「管轄你們的

王必這樣行，他必派你們的兒子為他趕車、跟馬、奔走在車前。又派他們作千夫長、五十夫長，為他耕種田地，收割莊稼，打造軍器，和車上的器械。必取你們的女兒為他製造香膏，作飯烤餅。必取你們最好的田地、葡萄園、橄欖園，賜給他的臣僕……那時你們必因所選的王哀求耶和華，耶和華卻不應允你們。」──這裏，開啟了祭司階級神權統治和世俗王權統治的長期鬥爭，但也說出了勢不可擋的猶太人新生活方式，直接衝擊了沙漠戰神耶和華，人們不止要滅絕外族，還要尋求更美好的生活。

立神殿之事則散見於〈撒母耳記上〉和〈列王記上／下〉之中，最早起意為耶和華建神殿的是大衛王，但耶和華拒絕了（或說獨佔耶和華的祭司階級拒絕了），說祂一向住慣了帳篷，喜歡「在會幕和帳幕中行走」，這像極了習慣爭戰、在豪華宮殿中就是拘束彆扭的草莽英雄（掃羅就是這樣的人，他在皇宮裏經常性失眠，要大衛唱催眠曲才能入睡，但一回到沙漠山邊便呼呼痛睡，幾次差點被割腦袋都渾不自覺），這事一直要拖到下一任的所羅門王才取得妥協。所羅門是第一位世襲的國王，意味

著新王國已穩定下來，這是猶太人財貨堆積的最富裕時刻，也是世俗王權空前絕後的攀上頂峰。

　　一神崇拜真的是很難堅持的一種信仰方式。離開了沙漠，離開了遊牧掠奪的簡易生活形態，離開了尖銳的族群動員，國防部便只是內閣八部二會之中的一個部門而已，就算你轉而在哲學解釋上、在道德建構上，把這個神推到全宇宙最高處也沒用，因為像笛卡爾或史賓諾莎這類人畢竟只是極少數秀異怪人，一般芸芸眾生關心的不是這個「創造者」「第一因」「最高意志」云云，這距離他們的需求和恐懼太遙遠了，一般人關心的毋寧是莊稼和畜群是否長得好，家中媳婦能否順產，生病會不會痊癒，可否避開厄運等等生活現實之事，因此，即便在層級分明的多神崇拜中，最高主神如古希臘的宙斯或印度的梵天，往往並非人們崇拜的焦點（中國人更是對創造天地的神一點敬意也沒有），人們經常性打交道的是管豐收、管生產、管家中廚房的這些「不怕官只怕管」的關係密切小神，甚至花更大力氣討好惡神或邪靈，希冀他們不要作祟，像印度人祭惡神濕婆，像台灣人祭天公只一天，卻花一整個月時間去伺候七月亡靈，在我個

人住的鄉下，七月普渡到現在還是最盛大、最花錢的崇拜大事。

也因此，建國成功的〈列王記〉時代，遂成為《聖經》中最哀怨的篇章——負責摹寫《聖經》草本、手握歷史解釋大權的是神權的基本教義派（先是祭司階級，在祭司階級納入行政體系「腐敗」了之後，則由曠野來的憤怒先知接手），他們不會因人們過得更好而歡欣，只會因人們忽視了耶和華而哀痛暴怒，在這裏，原始的部落種族一神面臨了第一次的存亡關鍵，也走到了第一次的蛻變關鍵。

● 建國絕望之後

誇張點來說，真正「解救」了耶和華一神教的，是猶太人坎坷的現實歷史命運——他們順利建國，但整體來說既不安靖也不長久。不安靖，是他們的睦鄰之道無方，王國始終陷於征戰，而且自身亦很快分裂成北以色列和南猶太二國，這讓王權的世俗化進展頓挫，也讓堅守「神權／種族仇恨」的基本教義派有持續用武的餘

地，可以頑強的站一旁一而再、再而三用信仰純度來檢
驗王國並伺機奪權（先知以利沙便在北以色列成功發動
一次殘酷的政變）。我們今天從《聖經》記載看，王國的
任何挫敗，不因為軍事訓練出問題或統帥無方、賦稅制
度不良、吏治腐敗、行政無效率、社會正義不彰等現實
錯誤，《聖經》對此沒隻字片語的省思，挫敗的原因永
遠只有一個，那就是信仰純度不足，不尊耶和華為唯一
真神；解決的方式也永遠只有一個，那就是燒掉巴力、
基抹等神的祭壇，殺盡那些崇拜異教之神的祭司和所有
人民。這正是奈波爾在他考察伊朗、巴基斯坦、馬來西
亞等回教國家的《在信徒的國度》一書中所重複看到的
駭人現象，也像台灣今天任何現實大小問題都可歸結為
「因為有人不愛台灣」這個世紀末的新一神一樣。至於不
長久，則是猶太這兩王國的終歸覆滅，亡於巴比倫王尼
布甲尼撒之手，開始了「巴比倫之囚」的時期，也開始
了猶太子民二千年無國可歸的漂蕩歷史，世俗王權失去
土壤，又剩宗教撫慰的曠野。

但經歷過建國失敗、又目睹巴比倫王國壯麗頂峰的
這一代猶太人，卻有了「始見輪船之奇滄海之闊」的迴

異經驗，他們的視野被打開，原來世界這麼大，不只是西奈半島到約旦河流域這片不毛土地而已；原來流滿牛奶與蜜地的迦南地並不是天堂，只是一方窄小的尋常居所而已。而且在尼布甲尼撒尚稱寬容大派的統治王國中，他們接觸到兩河的、希臘的、甚至東方古印度的文明及其哲思，原來宗教崇拜也可以是沉靜的、深邃的、有內容的。

　　基本教義派仍在，仍佔據發言的主位，但也有不盡相同的聲音開始發出來了，《聖經・以賽亞書》在沉鬱絕望之中，開始有「公義的神」的論述呼籲，一部分猶太人也不再尋求回迦南地，他們仍保有對耶和華的信仰，但彷彿對於建國一事失去了信心也失去了興致，只願意在祭典期間朝聖般回故土神殿瞻拜──巴比倫之囚以後的猶太人，有了面對廣大真實世界的「渺小感」，征戰、掠奪、滅絕一切異族異神的瘋狂種族動員之路看來已是井蛙之見行不通了，黏附在其上的一神也就得改變內容了。儘管諷刺，但人類經驗卻歷歷真實，我們總發現在角力的戰場上居於劣勢，我們才想到、或至少才願意開始講述公平正義、講述平等、講述四海一家。

這個新省思原來只是一個小支流、一種邊緣的異質聲音，混雜在更悲憤、更激越、更多末世宗教神祕幻覺的（如先知以西結、但以理等）基本教義叫囂聲中，不易分離辨識出來，但卻是日後耶穌走的路。日後的拿撒勒木匠之子的耶穌，拒絕做猶太人的王，拒絕做如〈士師記〉裏那種被耶和華興起、領軍作戰的狹隘民族英雄，這是他曠野沉思受煉四十晝夜的深澈決定（他曾站上最高的山頭，看著眼前的萬國及其榮華，這是極動人的一幕），也是他著名「山中寶訓」的內容，那看似溫柔的、再尋常不過的普遍性道德勸誡，放在猶太人源遠流長的種族一神中，既是超越的，也是激進的，因此，他成了基本教義派眼中的背叛者，非死不可。

然後是有著羅馬公民身分、也有著不同文化準備和國際視野的關鍵性使徒保羅接手了，耶和華的一神信仰正式傳向異國由他開始，猶太種族主義和森嚴律法的妥協乃至取消也由他開啟。〈使徒行傳〉中記敘了一場在耶路撒冷召開的宗教會議，會中保羅說服眾人做成決議，宣佈外邦的皈依者不必如猶太人行傳統割禮，決開了種族束縛的缺口。

從基本教義派來看，從傳統的種族一神來看，耶穌和保羅的確是大反叛者，然而，古爾德的「直立／巨腦」演化模式告訴我們，這個最原初可能只是偶然的、副產品的、因應著種族動員而生的原始猶太一神信仰，卻在長期演化蛻變後顯現了巨大力量，從而成為發展主體，甚至還拋開了再無力跟上的猶太人——他們奉獻給世界的，不是摩西的種族一神教，而是「耶穌／保羅」的普世一神教，神的名字和數量相同，但內容已撤換殆盡了。

● 從最角落之處開始

這裏，我們嘗試把一神教從幽微的埃及遠古一角，拉回現實的歷史現場，絕不是為著質疑佛洛伊德勇悍無比的歷史劇本，事實上，正是佛洛伊德這份無畏指向自身種族的過人勇氣，給予我們啟示，也給予我們鼓舞。

站在佛洛伊德辭世達 3/4 世紀的今天，誇張些來說，佛洛伊德的價值，不在於他是個說對話的人，而在於他是個說錯話的人，他那些英勇到幾近魯莽、漏洞一堆但

卻充滿啟示力量的錯誤話語和主張。

讀過佛洛伊德生平傳記的人很容易發現，他的閱讀準備、他的交遊、他的生涯之路多麼不同於一般撼動世界的哲人——在驚動整個世界之前，他一直只是個封閉於專業操作的心理醫生，同時也一直保有著專業人士慣有的自身經驗限制和固執，當他決志要為他臨床經驗所得的心理學理論找出源頭，指向歷史起源和生命起源時，他封閉性的自信和封閉性的專業外知識貧乏，給了他魯莽的、不為錯綜矛盾知識細節所困的古怪勇氣，說最冒犯道德的話，也說最冒犯常識的話，最終，還出現了相當程度的神祕主義傾向。

巴赫金用宗派主義說他，其實是相當公允的，佛洛伊德像什麼？他其實很像《聖經‧舊約》裏的曠野先知，他們專志封閉在一己世界中，獨思獨學而無友，思維過程中不受干擾，也缺乏校正，因此，他們的主張總是過大的、疏漏的、激烈的、甚至是殘酷的，不宜家宜室，但充沛著衝決思維邊界的力道。

除了一己的專業性封閉，佛洛伊德還宿命性的陷身於一個更大的歷史封閉性情境之中，那就是他的猶太子

裔身分及處境——在人類思維的進展路途中，我們也很容易發現，猶太人遠遠超越人口正常比例，宛如繁花盛開般不斷產出巨大的頭腦和心靈，讓世界更豐腴，也讓世界更危險，像馬克思，像愛因斯坦，像班雅明，學歷史的人會補上布洛克，崇尚自由主義的會想起以撒‧柏林，學電影的人會舉出伍迪‧艾倫，幾乎每個思維的領域中都有猶太裔大師的身影。

這個怪異現象完全沒生物性的理由支撐，是個巨大的歷史之謎，但我們很可能聯想到，這極可能和巴比倫之囚後的猶太人歷史處境有關。他們棲身在每個國度的邊緣位置，既站在身處的特定社會之中，卻又永遠被隔絕在外，他們有著宿命性的脆弱以及隨時撲面而來的危險，因此他們總得是複雜的，又得是高度警覺的，在世人安然酣睡之際，他們仍被迫得神經質的思索防備。

也因此，實在不必要為一神教找一個堂皇的、顯赫的歷史身世，只因為改變歷史的巨大力量，通常總是始自於一個不起眼的角落，啟動於一個不打眼的小小變化，永遠有著始料未及的詭異演化本質。這一個當年希羅多德提不沒提一字的小部落，這一個來自南方沙漠一

角的小火山神，乃至於日後一個連身世都可疑的窮鄉木匠之子，而他們不僅很長一段時間宰制著幾乎整個地球世界，還差點讓我們相信他們管轄著整個廣漠無垠的宇宙。

摩西與一神教

第一篇

摩西,一個埃及人

　　要使一個民族聲明他們所稱頌的最偉大的子民與其毫無關係，並不是件容易接受的事，對那些屬於該民族成員的人來說尤為如此。但是，我絕不能容忍那種為了民族利益而把事實拋諸腦後的想法；更重要的是，對事實的清晰表述能夠加深我們對於其處境的洞察力。

　　摩西❶這個人，這位猶太民族的解放者，這位賦予猶太人法律、為他們建立宗教的偉人，其歷史可以追溯到如此遙遠的年代，以至於我們難以搞清楚他到底是一個真正的歷史人物，還是一個傳說中虛構的英雄。如果他確實存在過，他的時代一定是在西元前十三世紀或西元前十四世紀。除了那些猶太人的聖經和猶太文字記錄中的痕跡外，我們對他一無所知。儘管最終尚無法明確地解答摩西是否存在之謎，但絕大多數的歷史學家宣稱贊同這樣一種觀點：即摩西確有其人，和他有關的〈出埃及記〉的故事確實發生過。公正地說，如果不接受上述前提，在此之後以色列人的歷史就難以理解。事實上，現代科學對待歷史傳說遠比早期的歷史調查更謹慎、寬容。

　　關於摩西這個人物，首先吸引我們的是他的名字，

這個名字在希伯來語中寫做 Mosheh。我們很可能會問：「它起源於何處？它的原意如何？」眾所周知的，〈出埃及記〉第二章已經回答了這個問題。書上告訴我們，一位埃及公主從尼羅河裏救了一個嬰兒，並為他取了這個名字，書中還為此提出一個語源學上的解釋，也就是「因為我從河裏把他撈上來」❷。然而，這樣的解釋顯然是站不住腳的。《猶太百科全書》❸的一位作者論證，「《聖經》裏的這種解釋源自於民間語源學，這樣的解釋與希伯來語的主動形式是不可能一致的，因為 Mosheh 的意思充其量不過是『打撈東西的男人』。」另外，還有兩個證據進一步支持這個反對意見：首先，附著在一個埃及公主身上、源自於希伯來語的姓名是非常可笑的；其次，嬰兒被撈上來的地方極有可能不是尼羅河。

　　另一方面，來自各種不同領域的人們早就懷疑「摩西」這個名字是從埃及詞彙中派出來的。在這裏，我不能一一列舉所有那些權威人士的觀點，但我將引用布雷斯特德（James Henry Breasted）1934 年出版的《良心的曙光》一書中的相關段落。這是一本新近出版的書，而布雷斯特德本人所著的《埃及史》（*History of Egypt*）被人們公認為該領域的權威著作。這個段落說：「注意到他的名字是摩西（Moses）這一點極為重要。毫無疑問，埃及詞彙中的 "Mose" 的意思是指『孩子』，這也是其他

一些名字，如 "Amen-mose"（阿蒙摩西，意指阿蒙之子）
或 "Ptah-mose"（卜塔摩西，意指卜塔之子）等諸如此類
的名字的縮略形式。這些名字本身同樣很可能是 "Amen-
（has-given）-a-child"（阿蒙給予的孩子）或 "Ptah-（has-
given）-a-child"（卜塔給予的孩子）這類完整表達的縮略
形式。把兒童的名字縮寫很早以前就是把複雜姓名簡單
化的便捷形式，況且意指『孩童』的 Mose 在埃及的墓碑
上並不罕見。摩西的父親也會在他兒子的名字前面加上
阿蒙和普塔之類埃及神祇的名字，這並不奇怪，只是這
一神祇的名字現在已經不再為人們所用了，直到人們索
性把這個孩子簡單地稱為摩西，即 "Mose"（該詞最後一
個 s 是《舊約全書》的希臘文譯本附加上的，並非出自
希伯來語，在希伯來語中只有 Mosheh）。」❹我在這裏逐
字逐句地重述這段文字，絕不意味著要對它的所有詳述
內容負責。然而，令我感到有些吃驚的是，布雷斯特德
在列舉這些相關的名字時，竟沒有準確地提到埃及帝王
名冊中冠以類似神祇的情況，如雅赫—摩西（Ah-
mose）、圖特—摩西（Thut-mose）以及拉—摩西（Ra-
mose）。

　　我們應該早就預料到，和許多作者一樣認為「摩西」
是一個埃及名字的人同樣已經得出這樣一個結論，或者
至少考慮這種可能性，亦即：有這種埃及名字的人本身

肯定是埃及人。如果和現代人的名字聯繫起來，我們同樣也會毫不猶豫地得出上述結論，儘管現代人的名字不只是一個名稱——通常包括姓和名兩部分。雖然有的人在新的情況下會改名換姓或借用一個類似的名字（這種情況不無可能），我們依然可以從姓名上判別某個人的國籍和身分。因此，如果根據名字來判斷，當下列發現得到證實後，我們絲毫不會覺得驚奇：詩人查米索（Chamisso）❺本是法國人，拿破崙（Napoleon Buonaparte）具有義大利血統，而班雅明（Benjamin Disraeli）實際上是義大利猶太人。人們會以為，在遠古時代和人類早期，根據一個人的名字來推測他的國籍所得到的諸如此類的結論似乎相當可靠，而且事實上也容易進行。然而，就我所知，卻沒有任何歷史學家對摩西其人做過類似的推斷，甚至連布雷斯特德那樣寧願假定摩西其人「通曉埃及人的所有智慧」❻的人，也沒有做過這樣的推論。

對於是什麼原因阻止他們這樣做的這個問題，我們只能臆測。很可能是出於他們對《聖經》傳說的敬畏之情過於沉重。也許是這樣一種觀念作祟，即不把摩西這樣的偉人想像成希伯來人就是荒誕不經的。不管怎麼說，在鑑別摩西身世這一問題上，關於摩西這個名字是出自埃及語，還沒有人提供更加明確無誤的證據，也無

法從中得出更進一步的結論。如果人們認為摩西國籍歸屬的問題很重要，就一定會渴望尋求新的資料來解答這個問題。

這正是我這篇小小論文的目的。它在《意象》(*Imago*) 雜誌裏佔有一席之地，依據這樣的事實，它對精神分析理論的應用做出了貢獻。用這樣的方式得出的結論毫無疑問只能打動那些熟悉精神分析思維過程的人以及那些賞識精神分析發現的少數讀者。我希望本文對他們會有些意義。

1909 年，當時仍在我影響之下的奧托‧蘭克（Otto Rank）在我的建議下出版了一本題為《英雄誕生的神話》(*Der Mythus von der Geburt des Helden*) 的書❼。該書探討以下事實：「幾乎所有傑出的文明民族……在早期階段總是在詩歌、神話和傳奇故事中頌揚他們的英雄，這些民族英雄包括傳奇故事裏的國王和王子，宗教、王朝、帝國和城市的創立者。儘管這些故事和傳說出自絕少聯繫、甚至在地理上都相距遙遠的不同民族，關於這些人物的誕生以及他們的早期生活史卻都特別富有幻想色彩，呈現許多極其相似的特徵，其中有些驚人的相似性和字面上的一致性尤其值得注意。這些事實眾所周知，並且已經為眾多研究者留下了深刻的印象。」依據蘭克的這種說法，我們用一種類似於高爾頓（Sir Francis

Galton）的技巧❽就可以構想出一個「一般的、平均的神話傳說」，概括出所有這些故事的基本特徵，並使之突顯出來，於是，我們可以看到這樣一幅圖景：

主角是最有權勢的貴族父母的孩子，通常是某個國王的兒子。

他的受胎困難重重，例如母親禁慾或暫時不孕；或者，由於某些禁令和外界的障礙，他的父母不得不背著人偷偷保持性關係。在他母親懷孕期間或者更早，通常會有一個透過夢境或神諭形式傳達的預言，對他的出世提出警告：他的出生會威脅到他父親的安危。

結果，這個新生兒被他的父親或父親的代言人下令處死或者置之絕境，通常這個小嬰兒被裝在一只小箱子裏扔到河裏去。

隨後，他被某隻野獸或一出身卑微的人（如牧羊人）救起，並由母獸或者地位微賤的婦女哺育。

長大成人之後，經過極其複雜曲折的經歷，他找到了他那出身高貴的雙親。他一方面向父親施行報復，另一方面獲得人民的認可和景仰，贏得了尊崇和聲譽。

這類英雄誕生神話中最古老的人物要算阿卡得的薩

爾貢（Sargon of Agade），他是巴比倫的創立者（西元前
2800 年）。對我們來說，尤其有趣的是他本人對此所做的
說明：

> 我是全能的國王薩爾貢，阿卡得的主人。我的母親
> 是個女祭司，我對我的父親一無所知，而我的叔父居
> 住在山裏。我的城市阿蘇比蘭尼 (Azupirani) 位於幼發
> 拉底河畔，我的母親，即女祭司，在這座城市懷了
> 我。**她祕密地把我生下，把我放在蘆葦筐裏**，用瀝青
> 把間隙封好，然後**把我放進河裏**，結果卻沒有把我淹
> 死。河水把我帶到阿克那裏，阿克是個提水人。**提水**
> **人阿克**出於善心把我從水裏救出來，**並像對待自己的**
> **親生兒子一樣把我撫養成人。**阿克把我培養成他的園
> 丁。我當園丁的時候，女神伊斯塔 (Istar) 愛上我，我
> 成了國王，執掌王權達四十五年。

從阿卡得的薩爾貢開始的一系列神奇故事中，我們
最熟悉的名字包括摩西、賽勒斯和羅穆盧斯。但是，除
此之外，蘭克還把詩歌或傳奇故事裏的所有其他英雄人
物匯集在一起，這些人物在幼年有著相似的經歷，無論
是從故事整體還是從一些明顯的片段中都能夠容易地辨
別出來。這些人物包括伊底帕斯、卡納、帕里斯、忒勒

福斯、珀爾修斯、赫克力斯、吉爾伽美什、安菲翁和塞魯斯等人❾。

　　蘭克的研究使我們得以熟悉這類神話的來源和目的。這裏，我只是簡單地提到它們，並加上一些簡短的說明。所謂英雄，就是有勇氣反抗他的父親並最終獲勝的人。這類神話把這種鬥爭追溯到那位英雄的出生前期，以表明他是違背了父親的願望而生，為逃避父親的歹毒企圖而獲救。被遺棄在箱子中的嬰兒顯然是生育的象徵，箱子代表子宮，而河水則是羊水。在無數的夢境中，親子關係透過溺水被救而表現出來❿。當一個民族的想像力把我們所探討的誕生神話和一個傑出的人物聯繫起來時，就表明該民族以這種方式承認了他的英雄稱號，他本人的生平也就代表了這類英雄史詩的一般模式。然而，事實上，這類神話故事來自所謂的「家庭羅曼史」，兒子針對他和父母，尤其是與父親的感情關係的變化做出反應⓫。兒子早期的生活經歷被對父親的極度崇拜所佔據；和這一情景一致，夢境中或神話故事裏的國王和王后分別代表了父親和母親。後來，在反抗情緒和對真實生活失望的影響下，兒子離開了他的父母，並對父親採取一種批判和挑剔的態度。這樣一來，神話中兩種類型的家庭——貴族家庭和卑微家庭——都是這個孩子家庭的反映，並在以後的生活經歷中不斷出現。

　　我們可以公正地說，上述短評使廣為流傳的英雄誕生神話的一致性得到了更為合理、全面的解釋，有關摩西降生和被遺棄的神話卻不具備這種一致性，而且在本質上和其他同類故事相左。基於這個理由，摩西的案例更加引起人們的興趣，並佔據特殊的地位。

　　讓我們從神話故事中鑄造這位兒童命運的兩個家庭開始。就我們所知，按照精神分析的解釋，家庭是唯一的、不變的，只是由於年代變化而有所區別。在這類神話傳說的典型形式中，第一個家庭，即兒童出身的家庭是貴族家庭，通常是權位顯赫的皇室家族；第二個家庭，即撫育兒童長大成人的家庭，通常是地位卑微或者遭遇災難、不幸沒落的家庭。這也符合某些情景（「家庭羅曼史」的情況），對這些傳說的追根溯源往往找到那裏。只是在伊底帕斯的故事中混淆了這兩種差別：被某個皇室遺棄的孩子卻被另一個皇室所接受。人們感到絕非偶然的是，在上述例子裏，兩個家庭的一致性只有在這個傳奇本身中才得到模糊的理解。正如我們所知道的那樣，這兩個家庭背景的懸殊差異是為了強調某個偉大人物的英雄本性而設計的。當附著於某個歷史人物時，它的第二個功能就顯得尤其重要。因為神話也可以用來為英雄創造一種高貴的品質，以提高他的社會地位。對米底人 (Medes) 而言，賽勒斯 (Cyrus) 本來是個外來征服

者，但借助於被遺棄的神話，他卻成了米底國王的孫子。這同樣適用於羅穆盧斯 (Romulus)。假如真有羅穆盧斯其人其事，那他一定是一個來歷不明的冒險家和暴發戶，但是，神話傳說卻把他變成了阿爾巴‧隆加 (Alba Longa) 皇室的後裔和繼承人。

摩西的情景卻大為不同。在這個案例中，他的第一個家庭儘管地位尊貴，與上述幾例相比，卻顯得遜色。他是猶太族利未人的後代。本該地位卑微的第二個家庭，卻由埃及的皇室取而代之；埃及公主把他撫養成人，視同己出。這種對常規模式的偏離令很多人迷惑不解。愛德華‧邁耶 (Eduard Meyer) 及其追隨者相信，這個故事原本不是這個樣子。按照他們的說法，法老曾經在一個預言夢境中得到警告❷，他女兒生的兒子將對他和他的王國帶來危險。因此，他將出生的孩子遺棄在尼羅河，但孩子卻被猶太人拯救了，並當成自己的孩子撫養成人。出於「民族主義的動機」（如蘭克所說），這個傳說才變成了我們現在所知道的樣子。

只要稍加思索就會明白，和其他神話模式並無二致的摩西神話的原本形式並沒有得以保存下來。它既可能出自埃及人手中，也可能是猶太人的發明創造。第一種可能性可以排除掉，因為埃及人沒有理由頌揚摩西、榮耀摩西，摩西對他們來說根本就不是什麼英雄。這樣一

來，我們很容易設想，這個傳奇故事產生在猶太人當中；也就是說，它以人們所熟悉的形式（即關於出生的典型傳說），把這個故事附著在他們的領袖人物身上。但是，就此目的而言是完全不適宜的，因為如果一個民族的傳說把他們的偉人說成是一個外族人，這對他們又有什麼好處呢？豈不是違背初衷嗎？

就我們所知，摩西傳說的現代形式顯然沒有什麼不可告人的用意。如果摩西不是出生在皇室貴族之家，傳說就不會把他塑造成英雄；如果把他處理成猶太人的子孫，又無法提高他的社會地位。整個神話故事中只有一小部分有用：這個孩子在強大的外部力量面前並未懾服，而是堅強地生存下來（這一特徵在耶穌童年的經歷中一再出現，只不過故事裏海羅德國王扮演了法老的角色）。因此，我們其實可以自由假設，後來的採用者對這個傳說做了笨拙的篡改，他們發現有機可乘，就在關於英雄摩西的故事裏引入了和古典的遺棄傳奇故事相像的東西，結果卻由於背景特殊而顯得不合情理，不適用於摩西。

我們的研究可能就此告終，留給我們的是尚不足以稱其為結論、難以確證的東西。在幫助我們搞清摩西是否為埃及人方面，很難說有什麼裨益。不過，還有另外一個或許更有希望的研究方法可以用來進一步評判這個

關於棄嬰的傳說。

讓我們還是再回到神話中的兩個家庭中去。正如我們所知，在分析理解的層面上，這兩個家庭是恆等的。在神話的層面上，它們被區分為貴族家庭和平民家庭。然而，在第三種層面上，神話中的歷史人物是一個實體。其中一個家庭是真實的，神話中的那個偉人確實是出生了，並被這個家庭養大成人；另外那個家庭則是虛構的，是出於神話本身的某些用意而人為設計的。一般來說，地位卑賤的家庭是真實的，而權位顯赫的家庭是假造的。就摩西的案例來看，情況卻有些不同。正是在這裏，新觀點有可能澄清許多事實，比如：在任何一種可以檢驗的情況下，第一個家庭，也就是把嬰兒遺棄的家庭，是虛構出來的；而第二個家庭，即收留摩西並把他養大的家庭則是真實存在的。假若我們有勇氣承認這個主張的普遍真實性，並且把它應用到所有關於摩西的傳說中，那麼我們就會很快看清真相：摩西是個埃及人──很可能出生於一個貴族之家──傳說中卻把他變成了一個猶太人。這就是我們的結論！摩西被拋棄到河裏，可能確有其事，但是，為了符合新意圖，被遺棄的目的在某種程度上被粗暴地歪曲了。也就是說，從一種犧牲嬰兒的手段，變成了一種拯救他的方法。

摩西的神話之所以和其他同類的傳說故事大異其

趣，可以追溯到他個人生活史的獨特性。在一般情況下，主角總是從一個地位卑賤的布衣崛起成為英雄，而摩西則是從尊貴的地位一落千丈，成為以色列的後代。

做為小結，我在這裏想表明的是，我們一開始就進行的簡短推敲，本來是期望能夠找到新的證據，以證明關於摩西是埃及人的假定。我們已經看到，第一個建立在姓名基礎之上的證據對許多人尚無說服力❸。我們必須做好準備，根據對棄嬰傳說的分析而提出的新論點並不見得更為完善。人們無疑也會反對，畢竟有關該傳說的起源和變化太紛繁複雜、太模糊不清，因而也很難證實我們的第一個結論，人們同樣也會不滿，許多世紀以來持續不斷的、支持某種傾向的修改和補充，一定會阻礙人們揭示這些傳說背後的真實背景的努力。就我個人來說，我並不贊同這種消極態度，但我也不想站在它的對立面反駁它。

可能有人會產生這樣的疑問：如果不能得到更明確、更肯定的結論，你幹嘛還要把這個問題帶給大眾呢？我很遺憾地告訴大家，即使我這樣做合情合理，我也很難直截了當地說明。因為，倘若有人被我這裏提出的兩個論證所左右，倘若他嚴肅認真地看待關於摩西是埃及貴族的這個假設，那麼非常有趣、意味深長的前景就會展現在眼前。我相信，透過一些確實的假設，我們

將能夠理解促使摩西選擇不同尋常的道路之動機所在。
與此密切相關的是,我們也能夠對他賦予猶太民族的法
律和宗教的眾多獨特之處有更多領悟。另外,還能使我
們對一神教的起源有個概括性的思考,這種思考的意義
絕不可忽視。不過,這些重要的結論不能僅僅從心理學
的或然性基礎上獲得。即便一個人承認摩西是埃及人為
事實,並把它當做歷史的第一個立足點,他至少還需要
另一個堅不可摧的證據捍衛已有的論斷,使新出現的可
能性不致帶來難以招架的批評和譴責,這些批評可能認
為這個論斷過於脫離現實、異想天開。只要提出關於摩
西的生平年代和有關他出自埃及的客觀證據,或許可以
滿足這個要求。但是,這樣做也並非那麼唾手可得。因
此,對於摩西是埃及人這個發現的更深遠的意義,姑且
還是三緘其口為妙。

註 釋

❶ 在《聖經・民數記》(12, 3)中就是這樣談論摩西的,本書中也
一再出現這個詞。

❷〈出埃及記〉(2, 10)。

❸ *Jüdisches Lexikon*, funded by Herlitz and Kirschner, Bd. IV (Berlin:

Jüdischer Verlag,1930).以下這段引文的作者是索洛維奇克（M. Soloweitschik）。

❹Breasted, *The Dawn of Conscience* (New York: Charles Scribner's Sons, 1934), p.350.

❺查米索（Adelbert von Chamisso, 1781-1838）是《女人的愛情與生命》和《彼得‧施來米爾》兩書的作者，第一本書是由舒曼配樂的抒情詩，第二本書講述了一個出賣自己影子的人的故事。

❻Breasted, op. cit., p.334.

❼*Schriften zur angewandten Seelenkunde* (Vienna: F. Deuticke), Heft 5.

❽佛洛伊德想起了他喜歡提及的高爾頓的「合成照片」。參見佛洛伊德，《夢的解析》（1900a），卷4，頁139。

❾卡納（Karna）是桑斯克里特的英雄詩史《馬哈哈拉塔》中的一位英雄，吉爾伽美什（Gilgamesh）是一位巴比倫英雄，其他的人都是希臘神話中的人物。

❿參見《夢的解析》（1900a），卷5，頁399-402。

⓫參見佛洛伊德的論文〈家庭羅曼史〉。該論文最初發表在之前引用過的蘭克主編的《英雄誕生的神話》。

⓬這在約瑟夫斯（Flavius Josephus）的敘述中也提到了。

⓭因而，愛德華‧邁耶寫道：「『摩西』這個名字很可能是埃及人，而祭司家族塞羅（Shiloh）中的『平查斯』（Pinchas）這個名字肯定是埃及人的。這並不能確切地證實這些家庭根源於埃及，但是，他們毫無疑問與埃及有關係。」("Die Mosessagen and die Lewiten", in *Sitzungsberichte der königlich preussischen Akademie der Wissenschaften* 〔Berlin, 1905〕, p.651.) 我們可能會問，到底是一種什麼樣的聯繫讓我們這樣想呢？邁耶的這篇短文（1905）是另一篇更長的文章（1906）的摘要，在那篇長文中更深入地探討了這些埃及名字。由此可見，存在兩個名叫"Pinchas"的人（權威的拼寫是Phinehas），一個是亞倫（Aaron）的孫子（〈出埃及記〉〔6, 25〕，以及〈民數記〉〔25, 7〕），另一個

是塞羅的一位牧師，他們都是利未人。塞羅是方舟最終到達耶路撒冷之前停泊的一個地方。

第二篇

如果摩西是個埃及人

　　在早些時候登在本雜誌的一篇文章❶中，我試圖提出一個新的論點，以支持猶太民族的解放者和法律奠基者摩西不是猶太人而是埃及人的假設。人們早就注意到，他的名字來自埃及詞彙，但這一事實並沒有受到足夠的重視。我曾在文中補充說，對與摩西有關的棄嬰神話的解釋必然導致這樣一種推論，即他是埃及人，儘管某個民族需要把他塑造成一個猶太人。在文章的結尾我指出，從摩西是埃及人的假設中可以得出重要而意義深遠的發現，但是，我並不準備公開支持這些更深遠的意蘊，因為它們是建立在心理學的或然性基礎之上的，缺乏任何客觀的證據。透過這種方式獲得的論點的重要意義愈大，人們就愈強烈地感覺到把這種觀點隨意示人的危險性。這就像放在泥腿之上的青銅雕像，沒有堅實的基礎，隨時都會遭到批評。即使是最具誘惑力的可能性，也要注意防止錯誤發生；即便問題所有的相關部分組合編排得像益智拼圖那樣絲絲入扣，看不出任何漏洞，我們也必須清醒，可能性並不意味著真理，真理也並非總是可能的。持續與固守猶太法典、滿足於賣弄智力遊戲、而不管他們的說辭與客觀事實相距多遠的學究

們為伍，這並不是件吸引人的事。

這些擔憂對我來說雖然在今天和從前一樣沉重，我的各種相互衝突的動機最終卻促使我下決心把上篇早期論文的續篇完成。但是，我要重申的是，這個續篇只是全部內容的一部分，也不是全部內容中最重要的部分。

一

按照前文所述，如果摩西是個埃及人，那麼，由此假設引申而來的第一個結果就是一個難以解開的新謎題。當某個民族或部落❷準備進行一項宏偉的事業時，可以預料的是，他們成員中至少有一位願意站出來充當領袖，或者被推舉擔當這一角色。但是，究竟是什麼能夠誘使一個身世顯赫的埃及人——王子、祭司或者高級官員——自願充當一群尚未開化的流民的首領，並且與他們一起離開自己的國家呢？這是一個很不容易推斷的問題。而且，埃及人婦孺皆知的對外國人的輕蔑，更使得這樣一種行動格外不可理解。我完全可以相信，為什麼那些甚至認同摩西的名字源自埃及，並且把所有埃及人的智慧歸於摩西的歷史學家不願意承認摩西顯然是埃及人的這種可能性。

　　與前一個難解之謎接踵而來的是第二個難題。我們千萬不能忘記摩西不僅僅是居住在埃及的猶太人的政治領袖，同時還是他們的立法者、啟蒙者和教育者，他使他們效忠於一種新的宗教，這種宗教直到今天仍然被稱為摩西律法。但是，單獨一個個體能夠創造一種新的宗教嗎？當一個人試圖影響其他人的宗教信仰時，最自然不過的做法難道不是改變自己的信仰嗎？埃及的猶太人當然不會沒有某種形式的宗教，如果為他們創立新宗教的摩西是埃及人，「這種新宗教是埃及式的」這樣一個猜想自然站得住腳。

　　但是，通向這種可能性的道路上存在著下列障礙：以摩西命名的猶太教與埃及宗教之間存在著極為強烈的對比和反差。猶太教是一種規模龐大、嚴格正統的一神教，只有一個神，祂是唯一的、全能的、無法接近的；人的肉眼無法看到祂的容貌，人們不能製作祂的肖像，甚至不能提及祂的名字。相反的，在埃及宗教中，不同地位和起源的神靈卻不勝其數。其中有些是大自然威力的化身，比如天、地、日、月；有些則是抽象的概念，如瑪亞特（Maat，指真理和正義），或者是奇形怪狀的東西，像是形狀如侏儒般的貝斯（Bes）。但是，祂們中的大多數都是當地的神祇，起源於這個國家被劃分為許多省份的時期。這些神具有動物的形象，祂們和這些動物

59

圖騰沒有明顯的區別，似乎祂們尚未完成告別古老的動物圖騰的進化，在功能方面的差別也微乎其微。人們毫無顧忌地將祂們一視同仁，對祂們唱著幾乎是同樣的頌歌，以至於我們完全沒指望區分祂們。這些神祇的名字互相參雜，甚至於一個神的名字成了另一個神的名字的組成部分。在「新王國」最繁盛的時期，底比斯的主神被稱為「阿蒙—拉」（Amen-Re），這個複合詞的第一部分「阿蒙」（Amen）是個長著公羊頭的城市之神，而第二部分「拉」（Re）卻是埃及古城安城（On）的鷹頭太陽神的名字。巫術和儀式、護身符和驅邪符在這些神祇的祭祀中佔據著支配地位，猶如它們在埃及人的日常生活中同樣佔據著支配地位。

這些區別中有一些很容易產生於嚴謹的一神教和散漫的多神教之間最基本的對立，其他的區別則顯然是由於精神和理智（Geistig）❸ 水準的差異造成的；其中一種宗教非常接近原始的發展階段，而另一種則上升到含有高度抽象性的頂峰。或許正是因為這兩種特徵的存在，才使人不時會產生這樣一種印象，即摩西的猶太教和埃及的宗教之間的上述對立是人們故意製造並有意強調的。比如，當一種宗教用最嚴厲的語調譴責巫術和魔法時，巫術和魔法在另一種宗教中則極為盛行；再比如，當埃及人興致勃勃地用泥土、石頭和金屬把他們的

神祇雕塑出來（在今天，我們的博物館裏擁有太多諸如此類的東西）並具體化到生活的諸多方面時，猶太教卻堅決禁止把任何活著的人或想像出來的神祇製作成偶像。

但是，在這兩種宗教之間還存在著另外一種對立，我們已經做出的解釋尚未觸及這種對立。這種對立是：在古代沒有任何一個民族像埃及人那樣千方百計地否定死亡，殫精竭慮地使自己的生命在下個世界裏永續存在。因此，死亡之神奧塞利斯（Osiris）這位另一個世界的統治者就成了埃及諸神中最無可爭議、最負盛名的一位。相反，古老的猶太宗教卻完全放棄了不朽的概念，死亡之生命存續的可能性無論在任何地方都沒有提到過。這一點是最值得注意的，因為後來的經驗業已表明，相信死後的生活恰恰與一神教完全一致。

我固然希望關於摩西是埃及人的假說能夠在各方面產生具啟發性及振奮人心的豐碩成果，然而，我們從這個假說中得出的第一個結論——摩西為猶太人建立的新宗教理應是自己的埃及宗教——已經失去了任何效用，因為我們看清了這兩種宗教之間的區別乃至恰成鮮明對立的特徵。

二

　　埃及宗教史上有一個值得注意的事件，只是近來它才為人所知並得到認可。這個事件向我們展示了另一種可能性：摩西賦予他的猶太民族的新宗教很有可能仍然是他自己的宗教——儘管它不是當時奉行的埃及宗教，卻是埃及宗教的一種。

　　在輝煌的第十八王朝，埃及首次變成一個世界強國，那時候，一位年輕的法老大約在西元前 1375 年執掌了王位。和他的父親一樣，一開始他就被稱為阿蒙霍特普（四世，Amenhotep IV），但是後來他改了名字，也改變了其他一些重要方面。這位國王開始強迫他的埃及臣民接受一種新的宗教——一種與數千年的古老傳統和他們所熟悉的所有生活習慣截然相反的宗教。就我們所知，這是世界歷史上首開先河的嘗試。這是一種嚴格的一神教，這種努力不可避免地產生了信奉一神的宗教偏執，產生了信仰上的不寬容。這種信仰在古代是遭到反對的，但從此以後卻保持了相當長的歷史時期。阿蒙霍特普四世於西元前 1358 年駕崩，他的統治只持續了十七年，自此之後不久，這種新的宗教就被廢除，這位持異

端邪說的國王也逐漸從人們的記憶中被掃除。從他建立的並以他的神命名的新王朝首都的廢墟中，從這個首都附近的石墓的碑刻中，我們可以獲得關於這位國王的有限訊息。不管我們對這位獨一無二的傑出人物了解多少，他都應當是令人感興趣的話題❹。

　　每個新奇的事物都能夠在它之前的時代找到它之所以出現的歷史根源和先決條件。埃及的一神教可以比較有把握地追溯到一個相當久遠的時期❺。古代北方赫利奧波利斯（Heliopolis）的太陽神廟的祭司們有段時間曾經出現致力於發展一位萬物之神並強調其倫理本性的傾向。真理、正義和秩序的女神瑪亞特，是太陽神拉的女兒。在阿蒙霍特普三世（即那位改革者的父親）統治期間，對太陽神的崇拜曾經獲得這樣一種動力，使得它甚至與長久以來強大無比的底比斯的阿蒙崇拜形成對立。結果，太陽神的一個古老名號阿頓（Aton）或阿圖姆（Atum）重新獲得顯赫的位置。在阿頓宗教裏發生的這些變化中，年輕的國王阿蒙霍特普四世發現了一種只需稍加引導即可促成的運動，在這場運動中，他無須充當最初的發動者，只要參與其中、緊緊跟隨就可以了。

　　這個時候，埃及的政治狀況已經開始對宗教發生持久的影響力。由於偉大的征服者圖特摩西三世（ThutmoseⅢ）的軍事功績，埃及已經變成一個勢力強大

的帝國，它的版圖範圍包括南方的努比亞（Nubia）、北方的巴勒斯坦、敘利亞和美索不達米亞的一部分。表現在宗教上，這種帝國主義就是普遍主義和一神教。既然法老的職責已經不僅包括埃及，還擴大到了努比亞和敘利亞，因此，神也必須拋卻原有的民族局限。正如法老是埃及人所知的世界上的無上主宰一樣，埃及也需要新的神明與此保持一致。而且，隨著帝國疆域的擴張，埃及自然變得愈來愈容易接受來自外界的影響，皇室的某些妻室即是亞洲的公主❻，而且很可能就是這樣一個直接誘因，促成了一神教從敘利亞傳入。

阿蒙霍特普從來沒有否認過自己對古老北方太陽神的崇拜。在石墓中保存下來、很可能是他親手所寫的兩首阿頓聖歌中，他稱讚太陽是埃及內外一切生命的創造者和保護者。詩歌中狂熱的讚美直到幾個世紀之後猶太人讚譽上帝耶和華的詩篇中才重新出現。然而，他並不滿足於太陽輻射萬物的驚人的科學發現，毫無疑問，他走得更遠。他不僅把太陽做為一個物質對象來崇拜，而且做為一個神聖的象徵來崇拜，而這個神聖象徵的能量是以光線表現出來的❼。

不過，如果我們僅僅把他當做在他之前就已經存在的阿頓宗教的提倡者和追隨者，那就對這位國王不太公平。事實上，他的活動和參與極富活力。他引進了一些

新的東西，他第一次把一個普世之神轉變為一神教——
一種排除任何別的信仰的宗教。在他寫的一篇頌歌中，
他明確宣稱：「啊，您這唯一的神，除了您之外再也沒
有別的神靈！」❽我們一定不能忘記，在評價這種新教
義時，只了解其積極的內容是不夠的，它的消極面也同
樣重要——亦即了解它所放棄的東西和知識。同樣的，
如果這種教義可以一下子全副武裝地出現在人們的生活
中，就像雅典娜從宙斯的額頭蹦出一樣，這種想法也是
錯誤的。相反的，所有跡象表明，在阿蒙霍特普統治期
間，阿頓教的勢力是一點一滴逐漸加強的，並由此變得
更透明、更持久、更嚴格、更不容忍異端邪說。這種發
展很可能產生於阿蒙教的祭司們對這位國王的改革的強
烈反對。在阿蒙霍特普統治的第六年，這種敵對情緒發
展到了高峰，致使這位國王更改了他的名字，那個被禁
止的阿蒙神的名字曾經是他名字的一部分。而現在，他
不再叫「阿蒙霍特普」了，而是自稱為「阿肯那頓」
（Ikhnaton）❾。他不僅從自己的名字中去掉了那個被痛
恨的名字，而且還把他從所有的雕刻碑銘中消除——甚
至連他的父親阿蒙霍特普三世也不例外。在更名為阿肯
那頓之後不久，他在尼羅河下游為自己的王朝建造了一
座新首都，並命名為阿凱塔頓（Akhetaton，意思是阿頓
的地平線），其遺址就是現在人們所熟悉的特勒・埃爾・

阿馬爾那（Tell-el-Amarna）❿。

　　這位國王掀起的最殘酷的迫害就是指向阿蒙神，但又並非僅此而已。帝國內的每一個阿蒙神廟都被關閉，敬拜儀式被禁止，神廟的財產被侵佔或沒收充公。事實上，這位國王愈來愈狂熱，以至於下令清查所有古老的紀念物上的碑銘、題字，把上面有複數的「神」之類的字眼全部抹掉⓫。阿肯那頓所採取的這些措施在受壓迫的祭司和心懷不滿的人民中間引起了狂熱的報復情緒，這一點也不奇怪，一旦這位國王駕崩，這些情緒就爆發出來。阿頓教並沒有很快流行起來，它也許僅僅在國王身邊為數有限的人物中間留存。阿肯那頓的結局掩藏在隱密之中。我們曾經聽過他家族中幾個短命的、影子般的繼承人的事。他的女婿圖唐卡頓（Tutankhaton）被迫遷到底比斯，並不得不用阿蒙神的名字取代自己名字中屬於阿頓教的那部分。此後經過了一段時間的混亂，直到西元前 1350 年，一個名叫荷倫赫布（Haremhab）的將軍才成功地恢復了秩序。光榮的第十八王朝壽終正寢了；與此同時，這個帝國曾經征服過的奴比亞和亞洲也喪失了。在這樣一段沉悶低落的時期，古埃及的宗教信仰得以恢復重建。阿頓教被廢除，阿肯那頓的皇家城堡遭到劫掠並被夷為平地，他在人們的記憶中成了一個聲名狼藉的罪人。

出於特殊的用意，我們在這裏要註記阿頓教的反面特徵。首先，一切與神話、巫術和魔法有關的事情都被排除在外❷。其次，重現太陽神的形式不再像過去那樣僅僅是一個小金字塔和一隻鷹，而是一個光芒四射的圓盤，光芒之末有人手的樣式。這看起來幾乎是理性的。儘管阿馬爾那時代的藝術非常昌盛，但人們並沒有發現關於太陽神的任何其他表現形式——沒有關於阿頓的象徵物——可以肯定地說，以後再也不會找到了❸。最後，關於死亡之神奧塞利斯和冥界，人們什麼也沒有說。聖歌和墓碑中都沒有保留和記載能夠使後人了解到當時與埃及首都關係最密切的事。這樣看來，阿頓教與一般流行宗教的對立和差別再清楚不過了❹。

三

現在，我想要大膽地表述這樣一個結論：如果摩西是埃及人，並且如果他把自己的宗教傳達給了猶太人，這種宗教一定是阿肯那頓的宗教，即阿頓教。

我已經把猶太教和埃及的流行宗教做了對比，並指出它們之間的對立。現在，我必須對猶太人的宗教和阿

頓教做出對比，以便證明它們有共同的起源。我知道這絕對不是一件輕而易舉的工作。由於阿蒙神教的祭司們採取的報復行動，結果使得我們對阿頓宗教了解得太少。對於摩西宗教，我們也僅僅知道它的最終形式，它是在猶太人受難被驅逐之後大約八百年，由猶太祭司們所固定下來的。儘管這些資料可能不太適當，我們仍然可以找到有助於支持我們的假設的少數證據，並能夠給它們高度的評價。

假如我們擁有一份信仰聲明書或一份宣言，那麼就可以說，我們找到了一條捷徑來證明我們的論點，即摩西宗教無非就是阿頓神教。但是，我擔心會有人告訴我們此路不通。眾所周知，猶太教的祈禱書上說："Schema Jisroel Adonai Elohenu Adonai Echod." 埃及的阿頓（或阿圖姆）這個名字聽起來與希伯來語的阿東耐（Adonai，意思是君主）這個詞以及敘利亞神阿東尼斯（Adonis）的名字相似。如果這一點不是巧合的話，由於語言和意義上的原始親和性，這個猶太教的信條可以翻譯為：「聽著，啊，以色列人，我們的上帝阿頓（或者阿東耐）是唯一的神。」遺憾的是，我並不能完全回答這個問題，在這個問題上，我所能找到的相關資料非常有限，但是，我們最好不要把事情看得過於簡單。無論如何，我們還是應當回到神的名字這個問題上來。

上述兩種宗教的異同之處是很容易辨別的，但卻不能使我們得到多大的啟發。在形式上，它們都是極為嚴格的一神教，我們將傾向於追溯兩者之間的相同之處，簡化為它們的基本特徵。猶太教在某些方面比埃及的一神教更嚴格些，比如它禁止製作神的任何形象。除了它們崇拜的神的名字外，它們之間最本質的區別在於這樣一個事實，即猶太教完全排除太陽神崇拜，而埃及一神教仍然固守這種信仰。當我們把它們和埃及的流行宗教相比較時，我們獲得了這樣一個印象，即除了那些明顯的對立之外，某些具意向性的衝突依然在兩者相異之處起著重要的作用。我們知道，阿頓宗教是阿肯那頓懷著對流行宗教的敵意發展起來的，如果我們在進行比較時用阿頓宗教代替猶太宗教，那麼，這個看法就是合乎情理的。我們會驚奇地發現這樣一個正確的結論，即猶太教與來世或死後的生活毫不相關，儘管這種宗教和本應最嚴格的一神教和諧一致。既然阿肯那頓必須對抗當時的流行宗教，而死神奧塞利斯在其中起著比埃及其他地區的神祇都要大的作用，如果我們從猶太教回到阿頓神教中，並猜測一下猶太教的這個特點起源於阿頓神教，就不會覺得大驚小怪了。猶太教與阿頓神教在這樣一個重大問題上的一致性，破天荒地替我們的論點提供了強有力的證據。我們將會看到，這還不是唯一的論據。

　　摩西不僅賦予猶太人新的宗教，而且可以肯定地說，他還把割禮的風俗也傳給了他們。這一點對我們現在探討的問題具有決定性的意義，只是迄今為止，它卻幾乎未曾受到重視。當然，《聖經》上的內容經常與此相矛盾。一方面，它把割禮風俗的起始界定在希伯來人的始祖亞伯拉罕時期，把它做為上帝和亞伯拉罕之間的聖約的標誌；另一方面，《聖經》中一段特別含混的內容提到，上帝因為摩西疏忽了這個神聖的習俗而感到憤怒，因此決定將他殺掉以示懲罰。但是，摩西的妻子是個米底人，由於她迅速地替摩西施行了割禮手術，因而把她的丈夫從上帝的盛怒之下挽救出來❶❺。然而，這些說法都是些牽強附會之說，我們不應該被它引向歧途；接下來我們將會發現出現這些歪曲內容的原因到底在哪裏。關於猶太人是從哪裏獲得這樣一種風俗習慣的這個問題，事實上只有一個答案，即它來自埃及。「歷史之父」希羅多德告訴我們，割禮早就是埃及土生土長的風俗，已經流傳了很長的時間❶❻，而且他的說法已經在已發現的木乃伊和古墓壁畫中得到證實。就我們所知，東地中海地區沒有任何其他民族施行過這種風俗。我們可以肯定地說，閃米特人（Semites）、巴比倫人（Babylonians）和蘇美爾人（Sumerians）都沒有施行過割禮。《聖經》歷史上記載迦南地的居民同樣沒有施行過

割禮；在雅各的女兒和示劍的王子歷險經歷的故事中，這種說法是一個必要的前提❶。猶太人滯留埃及期間，可能曾經以某種方式採用了割禮的風俗，而與摩西賦予他們的宗教沒有任何關係，這種可能性如此缺乏立論基礎，可能會被駁倒。如今，我們可以肯定地說，割禮是埃及一種普遍的民間風俗，我們不妨暫時採納這樣一個假說：即摩西是個猶太人，他想把他的同胞從埃及的禁錮中解救出來，並帶領他們在另一個國家發展出一個具有獨立精神的新國度——事實上，這確實發生了。既然這樣，在那時候他強迫他們接受一種會讓他們變成埃及人，並且註定會使他們保持對埃及的回憶的習俗，到底有什麼意義呢？他的目的與此完全相反。也就是說，他的子民應當完全忘卻這個奴役他們的國家，應當克制對所謂「埃及的美妙生活」的眷戀。上述歷史事實和我由此進行的推理之間如此不能相容，以至於我在這裏要冒昧地做出下述結論：如果摩西不僅賦予猶太人宗教，並且也帶給他們割禮的律法，那麼他就不是猶太人而是埃及人；而且，摩西宗教可能是一種埃及宗教，也就是說，由於摩西宗教與流行宗教之間的差異懸殊，它成了在許多明顯方面與阿頓教相一致的猶太宗教。

我曾經指出，我所提出關於摩西不是猶太人而是埃及人的假設造成了一個新的謎團。他的行為對於猶太人

來說似乎是很容易被理解的，但對於埃及人來說則不然。然而，如果我們把摩西放在阿肯那頓的時代並且假設他和那位法老有關係，上面所說的謎團就會消解，能夠解答我們問題的動機便顯現出來。我們不妨首先假設摩西是一個貴族，而且是個傑出的人物，或者像傳說中所描述的那樣是個皇室成員。無疑的，他意識到了他偉大的能力、雄心壯志和充沛的精力；他甚至可能已經預見到不久的將來自己將成為他的人民的領袖，成為這個王國的統治者。由於和法老的接觸頻繁，關係密切，他成了這個新宗教的堅定追隨者，並把這個新宗教的基本思想觀念變成了自己的思想觀念。當國王駕崩之後，反抗隨之風起雲湧。他看到自己的所有希望和憧憬都破滅了。如果他不願改變自己十分珍視的信念，埃及就再也沒有任何東西值得他眷戀——因為他已經失去了他的祖國。在這樣的困境中，他找到了另一種不同尋常的解決方法。夢想家阿肯那頓已經與他的人民疏離，他的帝國也已經分崩離析。摩西勇往直前的性格使得他開始孕育一項宏偉的計畫，他要找到一個新的民族，建立一個新的王國，把埃及所輕蔑的那種宗教傳給他們。我們可以看出，這是一種和命運抗爭的英雄行為，他嘗試著從兩方面補償阿肯那頓的災難帶給他的損失。當時，他或許是邊疆的歌珊地（Goshen）的首領，或許早在希克索人

時期（Hyksos period）❸，某些閃米特部落便定居在那裏。他決定選擇這些人做為他的新子民，這是一個歷史性的決定❸。他與他們達成協議，自命為他們的首領，並「運用手中的力量」❹把他們帶出了埃及。與後來的《聖經》中的說法完全相反，我們可以推斷，這次出埃及是和平地發生的，並沒有受到跟蹤追擊。摩西的權力使這次行動成為可能；再者，當時也不存在能夠阻止他們的中央政權。

根據我們的構想，離開埃及的這次大遷徙發生在西元前 1358 年和西元前 1350 年之間——也就是說，在阿肯那頓死後和荷倫赫布重新建立國家權威之前❹。這次大遷徙的目的地只能是迦南地。在埃及的統治地位崩潰以後，好戰的阿拉米人（Aramaeans）遊牧部落侵入了那塊土地，進行征服和掠奪，並用這種方式表明一個強悍的民族可以為自己贏取新的國土。我們從 1887 年在阿馬爾那城的廢墟和遺跡中發現的信件裏找到了關於那些驍勇善戰的勇士的記載。在這些信件裏，他們被稱為「哈比魯人」（Habiru），不知怎麼回事，這個名稱傳給了後來的猶太入侵者——希伯來人——在阿馬爾那的信件中提及的不可能是他們。在巴勒斯坦南部的迦南地也居住著一些部落，這些部落與逃離埃及的那些猶太人最有關聯。

　　整體來看，我們所發現的那次出埃及的大遷徙的動機同樣也適用於割禮風俗的引進。我們很熟悉人們（包括民族和個人）對割禮的態度和反應。迄今為止，割禮還很難被人們所理解。那些沒有施行過割禮的人覺得它非常荒唐和奇怪，並有些恐懼感；而那些接受了割禮的人則以此為榮，他們為之感到尊貴而具有優越感，並且鄙視那些未行割禮的人，覺得他們不潔。即便是在今天，土耳其人還咒罵基督徒，侮辱他們是「未行割禮的狗」。我們可以相信，身為埃及人的摩西接受過割禮，並且同樣抱有這種優越感和自豪感。他帶領著離開埃及的那些猶太人應該比他拋下的那些埃及人更優越；在任何方面，猶太人都不比他們差。他希望把他們塑造成為一個「神聖的民族」──《聖經》裏這樣白紙黑字地寫著──因此，他把這個風俗介紹給他們，做為獻身的標記，使他們成為至少可以與埃及人不相上下的民族。如果這個風俗能夠使他們在遷徙過程中和其他民族隔絕開來，不讓他們與外族人雜交，就像埃及人自己不與其他所有民族雜交一樣，摩西只會喜不自勝[22]。

　　但是，猶太傳統後來的表現似乎不利於我們一直在進行的推論。如果承認割禮是摩西引進的一種埃及風俗，那就幾乎等於承認由摩西遺留下來的宗教也是一種埃及宗教。然而，猶太人有充分的理由來否認這一事

實。因此，關於割禮的真實情況，也只好如此相互矛盾了。

四

在這一點上，我預料到我的假設會遭到反對——這個假設把摩西當做一個在阿肯那頓時代的埃及人，它還導致了這樣一個推論：他所做的保護猶太人的決定是那個國家的政治環境引起的；這個假設還認為，他傳給或強加給他的被保護人的宗教是阿頓教，亦即實際上在埃及本土就已經分崩離析的宗教。我預料有人會指出我所提出的這種臆測式的構想太自以為是了，因為在有關的資料中找不到充分的依據，但是我覺得這種責難是沒有道理的。我已經在我的引言裏強調了一些可疑的因素；正如已經看到的那樣，我把這些因素放在括弧外邊，這樣我就可以省卻一些麻煩，不用在論述到括弧內的有關問題時不斷地重複。

我可以用我自己的幾句評價性的意見來繼續這場討論。我的假設的核心——猶太一神教對埃及歷史上的一神教事件具有依賴性——曾被許多作者提到過、懷疑過。在這裏，我沒有必要不厭其煩地引證這些觀點，因

為它們都沒有說清楚這些影響是怎麼發揮作用的。即使是如同我所提的——這種影響力與摩西這個人物密切相關——我們還應該提到其他的一些可能性。千萬不要認為官方阿頓宗教的衰落使埃及的這種一神教潮流完全終止了。起源於古老北方的阿頓宗教的祭司們，在那場災難過後倖存下來，他們有可能把該教的思想觀念及其影響傳給阿肯那頓之後的幾代人。因此，即使摩西並非生活在阿肯那頓時代，沒有受過他個人的影響，如果他只是古老北方祭司制度的一位追隨者或僅僅是其中一個成員，他所採取的行動仍然是可以想像的。這種可能性推遲了出埃及的時間，使它更接近於通常所接受的時間（即西元前十三世紀）。但除此之外，這種說法並沒有多大的意義。這樣一來，我們對摩西的動機的洞悉就會失去意義，那種國家盛行的無政府狀態促成了出埃及的說法也失去了效用。第十九王朝的後繼者們建立了強大的政體，只是在那位持異端邪說的國王死後的一段時期，才有可能把所有的內部和外部條件綜合在一起，從而有利於出埃及行動的實現。

除了《聖經》之外，猶太人還擁有豐富的文學作品，從中可以發現很多傳說和神話，記述著許多世紀的歲月裏產生的關於他們的最初領袖及宗教創立者偉人摩西的故事。其中有些部分闡述得清楚詳盡，有些部分則

含糊其詞。在這些資料中有時可能看到一些「摩西五書」（Pentateuch）中並未記載的可靠傳說。這類片段中有一則故事對摩西童年時期就表現出來的勃勃野心做了形象生動、引人入勝的描述。故事裏說，有一年，法老把三歲的摩西抱在懷裏玩。當法老把摩西高舉起來逗弄時，這位年幼的小男孩從國王頭上摘下了皇冠，並把它戴在自己頭上。那位法老被這一不祥之兆震驚了，他誠惶誠恐地和他那些智者們商議對策❷❸。在其他地方還流傳著一些別的故事，說摩西身為埃及的軍事將領，如何在衣索比亞打了勝仗，而且正是由於這一點，他才得以逃出埃及，因為他有理由相信在宮中有人反對他或者法老本人在嫉恨他。《聖經》本身也描述了某些完全可以相信的摩西的特徵，把他描寫成性格粗暴、煩躁易怒的人。例如，《聖經》中記述他盛怒之下殺掉了正在野蠻虐待一個猶太勞工的監工；還有一次，當他為手下人的變節大為光火時，他砸碎了從神山（西奈山 Sinai）上帶下來的刻有戒律的石板❷❹。實際上，上帝終於因為他的一次暴躁的行為而親自懲罰了他，只是我們並不知道到底是怎麼一回事。這種特徵儘管並不能使他增加光彩，但卻很可能是歷史事實。另外，也不能排除這種可能性，即猶太人在他們早期對上帝的描述中——把他描述為嫉妒成性、嚴厲而粗暴——所包括的某些性格特徵，可能歸

根結柢得之於對摩西的回憶。因為帶領他們走出埃及的不可能是一個看不見的上帝，而是有血有肉、真實存在的摩西這個人。

另一個特徵值得我們特別注意。據說摩西「口齒不伶俐」——也就是說，他必定有語言障礙——所以他與法老之間的商議必須仰賴他的哥哥亞倫的協助。這也可能是史實，同時亦是盡力描繪這個偉人之餘一個附加的片段。然而，它可能具有另一種更重要的意義。這個傳聞以一種略帶偏見的方式喚醒一個事實，即摩西使用另一種語言，且他若無翻譯人員協助，便無法與操希伯來語的新埃及人溝通——至少在他們交流之初是如此。因此重新證實了這個命題：摩西是個埃及人。

現在，無論如何，我們的研究工作可以告一段落。就目前的情況看，我們還不可能從摩西是個埃及人這一假設中得出更多的結論，不管這個假設的真偽如何。任何一位歷史學家都不會把《聖經》中關於摩西和〈出埃及記〉裏的描述當做不過是一種虔誠的想像、虛構和神話，認為這樣的神話是出於自身的動機而有意識地重新修改甚至扭曲古老的傳統。關於這些傳統的原始形態，我們一無所知。如果能夠發現進行這種修改和扭曲的真正動機和企圖，我們將會非常高興。但是，由於對很多歷史事件的無知，我們往往置身五里霧中。我們對摩西

生平的重新建構並沒有為《聖經》故事裏的許多精采片段提供更多的解釋和說明，例如對十大災難、紅海的通道以及西奈山上接受十大戒律的神聖場景——儘管這個事實不妨礙我們正在進行的工作。但是，如果我們發現自己的研究與當今嚴肅認真的歷史學者的研究成果產生對立，我們就不能掉以輕心、當做兒戲。

在這類當代的歷史學家中，可以愛德華·邁耶為代表。這些歷史學家在關鍵的問題上和《聖經》裏的說法意見一致。他們也贊同這樣一種觀點：後來發展成為以色列民族的猶太部落在某個歷史時期接受了一種新的宗教。不同的是，在他們看來，這個事件不是發生在埃及，也不是發生在西奈半島的某個山腳下，而是在一個叫麥里巴—夸底斯（Meribat-Qadeš）的地方，一個以泉水眾多而聞名的綠洲，它位於西奈半島東部和阿拉伯西部邊界之間的南巴勒斯坦一片廣袤的土地上㉕。他們在那裏接受了對上帝耶和華的崇拜，這很可能是從相鄰的阿拉伯米底人部落中接受來的。臨近的其他部落也有可能是這個神的信徒。

無疑的，耶和華是位火山神。如今大家都知道，埃及並沒有火山，西南半島的群山中也從來沒有發生過火山爆發；另一方面，沿著阿拉伯西部邊界的地方，最近才可能有了火山活動。因而，這些山中一定有一座是被

視為耶和華家園的西奈—霍爾布（Sinai-Horeb）❷。不管
《聖經》的內容曾經被怎樣修改，按照邁耶提供的資料，
我們還是能夠重新勾畫出關於此神的性格的原本樣子：
他是一個個性不可思議、嗜血成性的惡魔，他習慣於夜
間四處遊蕩，躲避白天的陽光❷。

這個新宗教誕生之時，猶太人與耶和華之間的中介
者就是摩西。他是葉忒羅（Jethro）的女婿，當他接受上
帝的召喚時，他正在放牧羊群。他在夸底斯會見葉忒
羅，並且接受了他的忠告❷。

邁耶說，他從來就確信猶太人在埃及滯留的故事與
埃及人遭受的那場災難之間存在著真實的歷史關係❷，
但是，他顯然不明白這一被確認的事實歸屬何處、有什
麼用處。他只願意承認，割禮風俗源自埃及人那裏。對
於我們前面的推論，他有兩項重要的補充：第一，約書
亞（Joshua）命令人們接受割禮，「以便把埃及人的責難
從你身上席捲而去」❸；第二，按照希羅多德的說法，
「腓尼基人（無疑就是猶太人）和巴勒斯坦的敘利亞人自
己曾承認割禮風俗是從埃及人那裏學來的。」❸然而，
他幾乎沒談到有關埃及人摩西的事，他說：「我們所知
的摩西是夸底斯的祭司們的祖先——也就是說，是一個
系譜傳說中的人物，他和某種崇拜有關係，但不是一個
歷史人物。因此，在那些把他當成歷史人物的人士中

（除了那些把傳說中的一切徹頭徹尾地看成歷史事實的人），沒有人能夠為他增添更多的東西，把他描述成為一個具體的人，或者說出他可能做過哪些貢獻，他的歷史功績何在。」**㉜**

另一方面，邁耶不厭其煩地強調摩西和夸底斯以及米底人之間的關係：「摩西這個人與米底人和沙漠中的崇拜中心有著密切的關係⋯⋯」**㉝**而且，「這樣一來，摩西這個人便和夸底斯（瑪撒 Massa 和麥里巴 Meriba**㉞**）建立了不可分割的關係，他當上了米底祭司的乘龍快婿，這一事實可以做為證明這類關係的補充。相反的，他和出埃及這件事情的關係，以及他年輕時的全部經歷，完全是次要的，只不過是把摩西聯結成為一個前後相連的傳說故事的結果。」**㉟**邁耶還指出，在青年摩西的故事裏所包含的主題後來都被拋棄了：「在米底的摩西不再是一個埃及人和法老的孫子，而是一個耶和華在其身上顯靈的牧羊人。在講述十大災難時，他以前的關係不再被提及，儘管對這些關係可以很容易地加以有效的利用，而且，殺死以色列（新生）嬰兒的命令**㊱**也被完全忘記了。在出埃及記和埃及人的毀滅中，摩西沒有起任何作用；他甚至未被提起。他的童年傳奇所預想的英雄般的性格，在後來的摩西身上消逝殆盡；他不過是上帝的使者，不過是耶和華向他施展了超自然的神奇力

量，才使他得以完成某些奇蹟。」❸

現在，我們具有這樣不容爭辯的印象：雖然傳說中把製造黃銅蛇做為治癒之神這件事歸功於摩西❸，但那位夸底斯和米底的摩西絕不是我們所推論出來的那個出身高貴的埃及人，後者向他的人民展示了一種宗教，此宗教以最嚴格的戒律禁止一切魔法和詛咒。我們的埃及人摩西和米底人摩西的區別，或許並不亞於宇宙之神阿頓和住在神山上的神祇耶和華之間的區別。再者，如果我們完全相信現代歷史學家提供的訊息，我們將不得不承認，我們試圖從摩西是個埃及人這個假設中引出的線索到這裏又一次中斷了，而且，這次中斷似乎沒有再次接合的希望。

五

然而，柳暗花明又一村，當我們感到失望的當口，又有一條出路展現在眼前。即便是在邁耶之後，人們也從未停止過對摩西的研究，這些研究力求發現他是一個超越於夸底斯祭司的人物，並且證實了傳說中賦予摩西的聲譽。1922 年，厄恩斯特・塞林（Ernst Sellin）的發現，對我們討論的問題有著決定性的影響。塞林在〈何

西阿書〉（Prophet Hosea）（西元前八世紀後半部分）裏
發現了一些難以置疑的線索，其中，有這樣一個傳說，
描述了他們的宗教創立者摩西在他倔強固執的人民的一
次反叛中遭受了厄運，他所創立的宗教同時也被拋棄。
這個傳說不僅出現在〈何西阿書〉中，在此後大多數先
知的著述中都多次出現過。按照塞林的見解，這確實是
後來猶太人期待救主彌賽亞（Messiah）的根基所在。在
巴比倫之囚的末期，猶太人中產生了一種願望，希望那
位被他們無恥地殺害了的摩西從陰間復活，帶領他悔罪
的人民——也許還不止他的人民——進入永恆的極樂世
界。在我們目前的討論中，我們看不出這種希望與那位
後期宗教的建立者（指基督）的命運之間的明顯關聯。

　　再說一遍，我當然無法確定塞林是否正確地解釋了
〈何西阿書〉中的有關章節。但是，如果他是正確的，我
們則可以把他所辨析出的傳說當做一種真實可信的歷史
事件，因為那種事件不是隨便可以杜撰出來的，況且也
真的不存在這麼做的明確動機。如果這種事情真的發生
過，人們會很快忘掉它，這是很容易理解的。我們沒有
必要接受那種傳說的每一個細節。塞林認為，約旦河東
岸的希廷（Shittim）可以被看做是摩西遭受攻擊的地點
所在。但是，不久我們會發現，這個看法和我們的論證
並不一致。

　　讓我們借用一下塞林的猜測，即認為埃及人摩西是被猶太人所殺，他所創立的宗教也被猶太人拋棄了。這樣，我們就能夠避免與歷史研究中的正統論調相矛盾，並能夠進一步釐清我們的問題。但是，在其他方面我們卻要冒點風險，勇敢地與權威們的觀點保持疏離態度，並且沿著我們自己的道路走下去。逃離埃及的大遷徙仍然是我們討論問題的出發點，隨同摩西離開埃及的猶太人的數量一定相當可觀，因為數量有限的一群人不值得雄心勃勃的摩西大動干戈。埃及的猶太移民在那時可能已經居留了很長一段時間，繁衍成一個規模龐大的民族。然而，如果我們和大多數研究者一樣，估計後來形成猶太民族的那些人中只有一小部分人經歷了在埃及發生的那些事件，當然也不至於有太嚴重的過失。換句話說，從埃及歸來的那些部落後來在埃及與迦南之間的大片土地上與其他在那裏久居、彼此有親族關係的部落聯合起來，形成了以色列民族。這次聯合的標誌，是所有部落均接受信仰耶和華的一種新宗教。根據邁耶的見解，這次聯合是在米底人的影響下，在夸底斯發生的。此後，這個民族覺得自己已經強大到足以入侵迦南地的程度了。但是，這樣一種見解與摩西蒙難以及他的宗教遭拋棄等一系列事件發生在約旦河東岸的說法難以吻合，入侵迦南地肯定發生在那次部落聯合很久以前。

　　毫無疑問，在猶太民族的形成過程中，有一些非常不同的因素聚集在一起。但最大的差異是，這些部落中是否都有過在埃及滯留的經歷，以及在居留埃及之後發生了哪些事情。考慮到這個問題，我們可以說，這個國家是由兩個部分聯合組成的，在一段時期的政治聯合之後，它又重新分裂為兩部分——以色列王國和猶太王國。分久必合、合久必分，歷史就喜歡遵循這樣彼此輪迴的程序。這方面給人留下印象最深的例子是眾所周知的宗教改革：在經過了一千年的間隔之後，曾經一度屬於羅馬教的德國和一直保持獨立的德國之間的糾紛重新燃起。在猶太人的例子裏，我們不可能忠實地再現事情的本來面目。我們對這些時代的了解太少、太不確切了，以至於我們無法斷定哪些定居下來的部落在北方的王國重新聚合起來，無法斷定哪些從埃及歸來的人卻被南方的王國接受。但同樣的，後來的分裂不可能與先前的聯合毫無關係。以前的埃及人也許在數量上比不過其他民族，但是他們在文化上表現了較高的層次。對該民族的進一步發展，他們施加了更為強大的影響力，因為他們帶來了其他民族所沒有的傳統。

　　也許，他們帶來了比上述傳統更具體、更確切的其他東西。史前時期猶太人最難解的一個謎是利未人的身世。儘管可以將猶太人的歷史追溯到以色列的十二個部

落之後，即利未部落那裏，但是沒有一個傳說能夠斷言該部落最初定居在哪裏，或者敢於說明被征服的迦南土地上哪一部分分給了他們。他們雖然佔據著最重要的祭司職位，但他們和其他祭司、一般的祭司又有區別。一個利未人並不必然就是一名祭司，它也不是一種社會等級的名稱。我們關於摩西其人的猜想和假設就為此提供了一種解釋。令人難以置信的是，像摩西那樣一位埃及的達官顯貴竟然會隻身加入一個與自己大異其趣的異族。他顯然帶著他的隨從——他的親信、書記和家僕。利未人最初就是充當這些角色的。傳說中一直把摩西當做一個利未人，看來這顯然是對事實的歪曲，因為利未人實際上是摩西的隨從。我在早先那一篇論文中提到過，只有在利未人當中才在以後出現過埃及人的名字，上述事實支持了這一觀點。可以這樣斷言，摩西的隨從中有相當一部分人逃脫了他和他創立的宗教所遭遇的厄運，在其後的幾代人中，他們與自己雜居的民族融合起來，但是卻保持了對主人摩西的赤膽忠心，不僅時常緬懷他的豐功偉績，而且銘記他的諄諄教誨，代代相承。在耶和華的信徒們聯合起來的時候，他們在其中形成了一支頗有影響力的少數派，他們雖然在規模上不佔多數，卻在文化上比其他人優越。

在這裏，我姑且提出這麼一個假設，在摩西身敗名

裂與在夸底斯建立新宗教期間，繁衍生存過整整兩代人，這段時期甚至有可能跨越一個世紀。不過，我找不到任何辦法來確定這些新埃及人（在這裏我喜歡這樣稱呼他們）——也就是那些從埃及歸來的人——是什麼時候和他們的骨肉同胞重逢的，是在他們部落的親人接受了耶和華宗教之後，還是在此之前？第二種可能性似乎更大一些，但兩者在結果上並無二致。也就是說，在夸底斯發生的事件是一次妥協，摩西的部落從中分享到了一定的利益。這一點是不容置疑的。

我們可以重新回顧一下關於割禮的風俗所提供的證據，它就像一塊關鍵的化石，不管是過去和現在都向我們伸出援助之手。由於這種風俗和埃及的關係不可分割，它在耶和華宗教中也成了法律戒條；並且，由於它和埃及錯綜複雜的關係，接受這種風俗就意味著是對摩西的追隨者們的一種讓步。這些追隨者——或他們當中的利未人——不會放棄自己視為神聖標誌的東西。他們試圖盡力挽回自己古老的宗教傳統，追求的目標是多多益善，甚至為此不惜代價地以承認一個新神來交換，也就是承認米底祭司們所宣傳的關於這個新神祇的一切。他們可能還贏得了其他的讓步。我們已經提到過，猶太人的儀式對於利用上帝的名字規定了許多限制性條款，比如，在談到上帝時必須用阿東耐（Adonai，吾主）這

個詞來代替，而不能直呼「耶和華」（Jahve）。我們忍不住想把這一戒律引進到我們的論證中來，但這僅僅是一種毫無根基的臆想。眾所周知，禁止對上帝直呼其名是一種原始時代的禁忌，但是，為什麼恰恰在猶太人的宗教戒律裏恢復了這種禁忌，我們並不清楚。我們認為這種恢復是在某種新的動機影響下促成的，這絕非無稽之談。我們沒有理由假定這類戒律是一直被遵守的，在替某人取名字時──即在複合名中──上帝耶和華的名字是可以自由使用的，比如約哈難（Jochanan）、耶戶（Jehu）和約書亞（Joshua）等。然而，和這個名字有關的還有一些特殊情況。據我們所知，《聖經》的一些批評性研究認為，《舊約全書》的頭六卷有兩個文件來源，分別以兩個名字的第一個字母 J 和 E 來區分，其中一個用的是耶和華這個神聖的名字，另一個則是「埃洛希姆」（Elohim），而「埃洛希姆」肯定不是「阿東耐」。不管怎麼說，有一位權威人士的話值得我們在此謹記於心：「不同的名字是不同起源的神祇的明顯標誌。」㊴

我們已經提到，保留割禮風俗這一事實證明在夸底斯所建立的新宗教包含了一種妥協。我們從 J 和 E 中都可以了解這種妥協的性質；這兩種情況互相吻合，因此肯定能回溯到一個共同的來源，即一種書面記載或口頭傳說。它的主要目的在於證明新神耶和華的偉大和力

量。既然摩西的追隨者如此重視他們從埃及出逃的那次
經歷，這次解放行動必須歸功於耶和華；這次事件必須
被大肆渲染，以證明火山之神那可怕的威嚴——比如在
夜間一柱煙雲變換成了一柱火焰；再比如暫時將海水分
開，以便用重新合攏的海水將跟蹤追擊的敵兵淹死。這
樣的敘述將出埃及和新宗教的建立聯繫在一起，並且否
認它們之間存在長時期的間隔。因此，授予十大戒律之
事據說不是發生在夸底斯，而是發生在以一處火山爆發
為標誌的神山腳下。然而，這種解釋對於摩西的個人經
歷來說卻很不公平；是他而不是火山之神把人民從埃及
解放出來。因此，應當對摩西做些補償，也就是把他轉
移到夸底斯或西奈—霍爾布山，並且給他一個米底祭司
的職位。以後我們會發現，這種解決方法滿足了另一個
不可避免的緊迫需要。用這個方式可以達到一種彼此遵
守的協議：居住在米底某座山上的耶和華被允許把祂的
活動範圍擴展到埃及；以此做為交換，摩西生存和活動
的空間則擴展到夸底斯以及遠至約旦河東岸的國家。這
就是他如何成為後來的那位宗教創立者，米底的葉忒羅
的女婿，他把摩西這個名字借給了他。但是，關於這第
二個摩西，我們卻無法做出個人的解釋——他被第一個
摩西，即埃及人的摩西，完全地淹沒了——除非我們講
明《聖經》裏對摩西性格的描述中的矛盾之處。這個摩

西常常被描述為專制霸道、脾氣暴躁，甚至粗野蠻橫，但也曾經被描述為最溫和、最有耐性的男子。後面談到的這些特質顯然不適用於埃及人摩西，因為他必須帶領他的人民從事如此艱鉅的事業；這些特質可能屬於另一個摩西，即米底人的摩西。我認為，我們可以合情合理地把這兩個人物區分開來，並且設想埃及人摩西從未到達過夸底斯，從未聽說過耶和華的名字，而米底人摩西從未去過埃及，對阿頓教也一無所知。為了把這兩個人物結合在一起，傳說和傳奇故事都要把埃及人摩西帶到米底。我們已經看到這一點已經有了不止一種解釋。

六

行文至此，我發現自己會受到責難，責怪我過分肯定而不合理地重構了以色列的早期歷史。我並不覺得這種責難對我是一次不堪忍受的嚴厲打擊，因為在我自己的判斷中，也有這樣的感覺回應，同時我也已經做了再次迎受這種批評的準備。我的構想存在著弱點，但它也有說服力很強的地方。總而言之，沿著我已經走上的這條路的方向繼續從事研究是值得的。擺在我們面前的這本《聖經》的解說包含了很多珍貴的、事實上其價值難

以估量的歷史資料。但是，這些資料卻被某些具有強烈
目的性的動機及其影響所歪曲，被某些詩歌創作所渲
染、所粉飾。迄今為止，在我們所做的努力中，我們已
經能夠覺察出這些歪曲性的動機之一。這一發現為我們
指明了以後前進的道路。我們必須把其他類似的動機揭
示出來。如果能夠辨別分析出這些動機造成的歪曲的手
段，我們就能夠發現一些新的片段，來闡明隱藏在幕後
的真實背景。

讓我們首先看看《聖經》研究的批評者們是如何看
待《舊約全書》前六卷（即「摩西五書」和〈約書亞記〉）
的起源史，我們在此所關注的就是它們❹。早期的文件
來源被認為是 J（以耶和華做為上帝名字的作者），在當
代則被確認是祭司埃比亞塔（Ebjatar），一個大衛王的同
時代人❹。此後不久——我們並不清楚到底有多久——
我們發現了所謂屬於北方王國、以埃洛希姆 E 來稱呼上
帝的作者❹。北方王國滅亡之後，西元前 722 年，一位
猶太祭司把 J 和 E 兩部分中的一些內容合而為一，並在
其中增加了自己的創造和獨特的見解。他所編輯的著作
就是以 "JE" 命名的。在第七世紀，在 JE 中又加上了第
五卷書〈申命記〉。據猜測，在古猶太人祭祀上帝的神殿
中發現了全書。在神殿遭到破壞的那段時期（西元前 586
年），在被放逐（the exile）期間及其後進行了編撰修

訂，被稱為「祭司法典」；到了第五世紀，這本書又做了最後的修訂，自此之後，基本上便未做任何改動❸。

大衛王及其時代的有關歷史記載極可能是某位當代學者所做的工作，它是「歷史之父」希羅多德之前五百年的真實記錄。如果人們根據我的假設來設想埃及人的影響，就能夠逐步理解這一成就的意義❹。人們甚至設想過，這些最早期的以色列人的後裔——也就是摩西的書記們——有可能曾經對最初的字母發明做出貢獻❺。我們當然無法知道這些早期時代的記載到底有多少是以更早期的記錄或口頭傳說為依據的；每一個事件的發生和事後形成的文字記載之間到底經過了多長的時間，經歷了怎樣的變化，我們也無法知曉。然而，就我們現在所能找到的文本而言，那些記載足以使我們看到有關的歷史真跡。那些文字記載上有兩種完全相反的力量在起作用。一方面，某些修正者肯定懷著不可告人的動機篡改、肢解和誇大了那些文字記載，把它們搞得面目全非；另一方面，受到一種虔誠態度的支配，他們急於固守成見，而不管記載本身的細節是協調一致還是相互矛盾。這樣一來，幾乎在記載的每個地方都可以發現明顯的跳躍和省略、不厭其煩的重複和顯而易見的矛盾——這些跡象向我們表明，這些絕非是有意傳達出來的。對文字記載的歪曲篡改與謀殺沒有什麼兩樣，只是它的困

難之處不在於抹殺事件本身，而在於消除它原本的痕跡。「歪曲」（Entstellung）這個詞具有雙重含義，儘管現在很少使用，我卻希望在這個意義上使用它。這個概念不僅應該意味著「改變某個事物的外表」，還應該意味著使其「把某物放在另一個位置」，或「將其移置」❹。在這種情況下，我們仍然可望在那些記載中發現許多被歪曲的文本，這些失真之處往往隱藏在某個地方，或者已經改頭換面，或者變得支離破碎。只是要做到這一點並不那麼容易。

我們想要了解的這些歪曲的目的肯定是在那些傳說被記載下來之前就已經發生了作用和影響。我們已經說過，隨著新神耶和華在夸底斯被創立，人們覺得有必要做些事情為祂增添光彩。更確切地說，有必要承認祂，讓位給祂，消除從前那些宗教信仰的痕跡。對於那些定居部落的宗教而言，這一點似乎已經完全成功地做到了；除此之外，我們再也沒有聽到更多的消息。而對那些從埃及回來的人而言，這卻不是件輕而易舉的事；他們絕不允許出埃及這個事件、摩西這個人物以及割禮的風俗等等被剝奪。的確，他們曾住在埃及，但他們不久又離開了埃及，而且從此以後關於埃及影響的所有痕跡都要予以否認。摩西這個人物被轉移到米底和夸底斯，把他和創立了這個宗教的耶和華的祭司融為一體。割禮

這個最令人疑惑、依存於埃及的痕跡則必須保持，但人們不惜一切地試圖把這種風俗與埃及分開——所有的證據恰恰與此相反。現在，只有把它做為有意地否認這個叛逆的事實，我們才能解釋在〈出埃及記〉(4, 24-26) 中那段讓人迷惑不解的話。根據這段話的意思，由於摩西忽略了割禮，耶和華一方面對他大光其火，他的米底妻子趕緊替他做了割禮手術，從而挽救了摩西的性命。很快的，我們將會發現另外一種杜撰，其目的是使那令人傷腦筋的證據變得沒什麼害處。

我們發現有跡象表明，人們力圖完全否認耶和華是個新神、是個對於猶太人來說外來陌生的神祇。這個事實很難說是一種新的目的性動機的表現；相反的，它是從前已有的目的和用意的延續。在此目的之鼓動下，有關該民族的族長們（包括亞伯拉罕、以撒和雅各）的傳奇故事便被炮製出來。耶和華堅持說，祂已經是這些先祖們的神了；儘管祂本人確實不得不承認，他們並沒有用這個名字來崇拜祂❹。

他並沒有附加說明，祂另一個被崇拜的名字是什麼。這樣就出現了一個機會，可以用來給割禮風俗起源於埃及的說法一個決定性的打擊。據說，耶和華曾經和亞伯拉罕堅持過此事，並把割禮立為他和亞伯拉罕之間立約的標誌❹，然而，這是一個笨拙得出奇的設想。如

果人們想要選擇一個標誌來區分一個人與其他人的不同，人們會選擇一種無法在別人身上發現的東西，而絕不會選擇一種數以百萬計的人們能以同樣方式展現出的東西。受這種關係的影響，被移置到埃及的以色列人將不得不承認每一個埃及人都是這相同盟約裏的兄弟，都是耶和華統治下的子民。創造了《聖經》文本的以色列人不可能無視割禮是埃及人早就有的風俗這一事實。邁耶所引用的〈約書亞記〉（5, 9）中的一段話明白無誤地表明了這一點；但是，正是由於這個原因，才必須不惜一切代價地予以否認。

　　我們不能期望宗教的神話結構會謹慎的注意到邏輯上的關聯，否則人民的感情就可能有理由對那與他們的祖先達成某種盟約的神表示憤慨，這個盟約要求雙方互盡義務，然而，多少世紀以來，這個神並不在意祂的人類伙伴，這種情況一直持續到祂突然在他們的子孫後代面前重新顯靈才有所改變。令人大惑不解的一個概念是，一個神竟然會突然「選定」某個民族，宣布它是「祂的」子民，而祂本人則是他們的神。我相信這是人類宗教史上這類例子中絕無僅有的一個。在一般情況下，神與人是不可分割地緊密相連的，他們從亙古至今都同屬一體。毫無疑問的，有時候我們會聽說一個民族接受了另一個不同的神，但從來沒有聽說過一個神選擇另一

個不同的民族。如果我們回顧一下摩西和猶太民族之間的關係，我們或許能夠更佳地理解這個獨一無二的事件。摩西屈尊降臨到猶太人當中，把他們當做他的子民；他們就是他所「選定的子民」。❹

把那些族長們帶進我們的討論，還有利於達到另外一個目的。他們曾住在迦南地，他們的記憶也和該國的某些地區保持著關係。很有可能他們本身最初就是迦南人的英雄或當地的神祇，只是後來被遷徙至此的以色列人納為己有，強行編入他們的史前史。透過頌揚這些族長，他們就可以宣稱他們是土生土長的本地人，這樣他們就免於依附一個外來征服者的嫌疑和忌諱。聲稱耶和華神只是把他們祖先曾經擁有的東西歸還給他們，這真是一種苦心孤詣的歪曲伎倆。

《聖經》的後期記載裏，避免提到夸底斯的意圖發生了效力。創立這種宗教的地點最終而且一勞永逸地被固定在聖山，即西奈─霍爾布山。要想發掘出之所以這樣做的動機何在，絕不是件容易的事，也可能是人們已經不願意回憶米底的影響。但是，所有後期的歪曲，特別是對祭司法典的歪曲，則懷有另外一種目的。再也沒有必要按照某種要求去改變對事件的說明──因為很早就有人這樣做了。然而，人們十分關注把現今的法律和制度追溯到人類的早期時代──一般而言，把他們置於

摩西制定的律法基礎上——以便由此獲得具有神聖性和約束力的權力。無論對過去的描述可能以這樣的方式做了多麼大的篡改和修訂，其過程卻並非沒有一定程度的心理學的合理性。這反映了這樣一個事實，在漫長的發展過程中——在離開埃及以及在埃茲拉和尼赫邁亞確定了《聖經》的文本之間，大約跨越了八百年的時間——耶和華宗教的形式發生了改變，又變回到和原始的摩西宗教一致甚至完全相同的地步。

這就是基本的結論，也是猶太宗教史的重要本質。

七

在後來的詩人、僧侶和歷史學家致力於研究的早期時代的所有事件中，有一事件最為突出，對這一事件的壓制是出於人類最直接、最美好的動機所強制實施的，這就是摩西這位偉大的領導者與解放者被謀殺的事件。厄恩斯特・塞林在〈先知書〉作品的蛛絲馬跡中發現了這一事件。塞林的假設很可能切近事實，因而不能當做是異想天開。在阿肯那頓的學校裏受過訓練的摩西，使用的無非是阿肯那頓這位國王使用過的方法；他下令、強迫人民接受他的信仰❺。只是，摩西的教義和信條可

能比他老師的還要嚴厲些；他沒有必要保留和太陽神宗教之間的關係，古老北方祭司學校對於他的子民來說沒有任何實際意義。與阿肯那頓一樣，摩西也遭遇了所有開明的專制君主都會遭到的相同命運。在摩西統治下的猶太人和第十八王朝阿肯那頓統治下的埃及人一樣，絲毫也不願意容忍這種高度精神化的宗教，他們的需要不能從這種宗教所提供的東西中獲得滿足。這兩個例子裏發生的情況是相同的：那些受到抑制和統治的人們奮起反抗，拋棄了強加在他們頭腦裏的宗教重負。但是，當馴服的埃及人等待著命運之神把他們的法老除掉時，野蠻的閃米特人卻把命運掌握在自己手裏，親自除掉了他們的暴君❺1。

認為現在的《聖經》文本沒有告誡我們摩西的命運，這樣的想法也是站不住腳的。「在荒野中漫遊」❺2可能代表著摩西統治的時期，對這一時期的描述展現了反對摩西權威的一系列嚴重叛亂，在耶和華的命令下，這些叛亂被血腥鎮壓了。不難設想，有一次叛亂被終止的方式和《聖經》裏的說法並不一樣。在《聖經》中也有關於人民反叛這種新宗教的記述——當然只不過是把它當成了一個小插曲，這就是那隻金牛犢的故事。故事透過隱喻的方式，巧妙地把打壞刻著戒律石板的責任——這必須象徵性地理解為「他破壞了戒律」——歸咎

於摩西，把他狂暴的憤怒說成是這種行為的動機❸。

有一段時期，人們開始後悔殺了摩西，並且想把這件事忘掉。這種情況當然發生在該民族的兩個部分在夸底斯聯合起來的時候。但是，當出埃及和在（夸底斯的）綠洲建立宗教這兩件事被聯繫得如此緊密時，當摩西被表現為與後一個事件有關，而不是另一個人物（指米底的祭司）時，不僅摩西的追隨者的願望得到了滿足，而且還成功地否認了他的悲慘結局。實際上，即使摩西的生命並不那麼短暫，他也不可能參與在夸底斯發生的一系列事件。

我們現在必須嘗試著闡明這些事件之間的年代關係。我們已經把出埃及的時間放在第十八王朝滅亡（西元前 1350 年）之後的那段時期。由於埃及的編年史家把以後在荷倫赫布統治下的混亂年代也包括在內，使得這個朝代在這段混亂告終時，歷史已經走到了西元前 1315 年。這樣算起來，出埃及這件事可能發生在那時候或者稍後。確定這一編年史的另一個（但也是唯一的一個）要點是由邁爾奈普塔（西元前 1225 年至西元前 1215 年）的石碑提供的，他炫耀了這位法老對以色列人的勝利以及對以色列子孫的毀滅（？）。遺憾的是，這塊石碑的含義值得懷疑；人們認為它證實以色列部落那時已經定居在迦南地了❹。和從前可以輕易斷定的那樣，愛德華·

邁耶從這塊石碑上正確地得出結論，認為邁爾奈普塔不可能是猶太人離開埃及時的法老。出埃及的時間一定更早些。究竟誰是出埃及時的法老，這個問題在我看來似乎毫無價值。我認為在出埃及時沒有法老，因為這件事發生在一個空位期。對邁爾奈普塔石碑的發現也未能夠告訴我們夸底斯的那次聯合以及新宗教的創立的可能日期。我們唯一能夠肯定的是，出埃及大約發生在西元前1350年和西元前1215年之間的某個時期。我們猜想，出埃及的時間非常接近這一百年的前些時候，而在夸底斯發生的事件則在這一百年即將結束之時。我們寧願認為這兩個事件之間的間隔期更長一些。因為需要一段比較長的時間，才能使回歸的部落從殺害摩西的狂熱之中冷靜下來，才能使他的追隨者，即利未人的影響變得和在夸底斯的妥協中所發揮的影響同樣大。兩代人，六十年的時間，對此可能已經足夠了，但也只是剛好夠而已。由邁爾奈普塔的這塊石碑上推論出來的時間在我們看來似乎太早了，而且，既然我們知道在這類假設中，一個假設往往是建立在另一個假設基礎上，我們必須承認，這樣的討論暴露了我們構想中的脆弱之處。不幸的是，和猶太人定居迦南地這件事有關的一切非常隱晦難解，充滿混亂。如今，我們唯一可以依賴的假設或許是：在「以色列」石碑上的這個名字和我們正試圖探討其命運、

並且之後才聯合起來形成後來以色列人民的那些部落無關。可是，無論如何，在阿馬爾那（Amarna）時代，希伯來語的名字哈比魯（Habiru = Hebrews）被轉換到了同一民族頭上。

這些部落透過接受一種共同的宗教而聯合成為一個國家，無論這種聯合具體發生在什麼時候，其結果在世界歷史上都很可能是件相當無關緊要的事。這樣的話，這種新的宗教很有可能會由於一系列事件的發生而被席捲而去，煙消雲散，耶和華也將不得不在福樓拜所想像的逝去神祇的行列中佔有一席之地❺，祂的十二個部落可能已蕩然無存，不僅是盎格魯・撒克遜人長期以來一直孜孜不倦地尋求的那十個部落。米底人摩西奉獻了一個新民族的耶和華神，很可能根本就不是位傑出人物。祂性情暴躁、心胸狹窄、凶猛蠻橫而又嗜血成性，祂只是一個地方神祇，卻狂妄地向祂的追隨者們許諾，要送給他們「一塊流淌著奶和蜜的土地」❻，並且督促他們用「劍的鋒刃」去滅絕現存的居民❼。令人驚奇的是，儘管經歷了多次的修改，《聖經》的講述還是有許多東西得以保存下來，使我們能夠認識它原始的本性。甚至到現在還不能確定，他的宗教是真正的一神教，不能確定它否認過其他民族的神祇的神聖性。很有可能的是，他的人民把他們自己的神看得比其他民族的神更為強

大，這就足夠了。如果事情的發展過程不同於引導我們所期待的這類開端時，那就只能在一個事實中去尋找原因。埃及人摩西向該民族的一部分人賦予了一個更高度精神化的神的觀念，這是一個擁抱和接受全世界的單一神，祂不僅充滿博愛之心，而且無所不能，祂不喜歡所有的儀式和巫術，而把真理和正義視為人的最高目標。因為，無論我們所具有的關於阿頓宗教的倫理方面的描述多麼不完善，一個顯然重要的事實是，阿肯那頓在他的碑文中經常描述他自己「生活在真理和正義之中」❺❽。很可能在一段比較短的時期過後，人們便拋卻了摩西的教誨，並且把他本人殺掉了。從長遠的眼光看，這倒無關緊要，然而，他的**傳統**卻被保存下來（實際上經過逐步的努力和幾個世紀的發展），他的影響也達到了摩西所未能達到的程度。從夸底斯那個時代起，當人們相信摩西所做的解放人民的行為是耶和華神所為時，耶和華便獲得了不應有的榮譽；但是，他不得不為這種不應得的好處付出沉重的代價。他所取而代之的那個神祇的庇護力變得比他本人還要強大；到了這一進程的末尾，那個被忘卻的摩西神的本性便在他的背後顯現出來。誰也不會懷疑，只有那樣一種神的觀念，才使得有神的人民經受了命運的所有打擊，並堅強地生存下來，一直生活到我們今天這個時代。

再也沒有可能估計利未人在摩西神對耶和華神的最後勝利中究竟起了多麼大的作用。在夸底斯的妥協達成之際，他們曾經站在摩西一邊，那時他們是摩西的隨從和同胞，仍然保持著對主人的鮮活記憶。在此後的幾個世紀中，他們和該民族或者祭司階層相互合併，祭司的主要作用就是舉行並監督儀式，除此之外就是保護《聖經》，並根據他們的目的做些修訂。但是，所有的祭祀和儀式歸根到底不都是魔法和巫術，不都是曾經被古老的摩西信條無條件地加以拒斥過嗎？這樣，從這些人中間連續不斷地產生了一代又一代的先知和信徒，他們在起源上和摩西沒有關係，但卻被這種在朦朧狀態下一點一滴發展出來的偉大而強有力的傳統所吸引。正是這些人、這些先知們孜孜不倦、毫不氣餒地宣講古老的摩西教義——這個神對世人的要求是摒棄任何祭祀和儀式，他只求得到人們的信仰，一種恪守真理和正義的生活。先知們的努力獲得了持久的成功。他們用來重建古老信仰的那些信條變成了猶太宗教永恆的內容。對於猶太人來說，能夠把這個傳統保存下來並且培育為之搖旗吶喊的佈道者，是他們自己的榮耀——儘管這個傳統的創始人和這種榮耀的激勵者來自外界，來自一個偉大的外邦人。

一些具有專業知識的研究者和我一樣看到了摩西對

於猶太宗教的重大意義，即便他們不認可摩西原本是埃及人，如果我沒有訴諸他們的見解和判斷，我在做這種說明時應該不會感到平靜和踏實。這裏以塞林為例做一說明。塞林寫道：「因而，我們必須描述一下真正的摩西宗教——他信仰他所宣揚的一個道德之神——把他描寫成該民族一個小集團必不可少的私有財產。我們無法指望一開始就能夠從官方的崇拜、祭司的宗教和人民的普遍信仰中找到它。所有我們能夠指望的是從他點燃的精神火花中升起的、時隱時現的點點星火，發現他的觀點並沒有被完全泯滅，而且一直默默地在某個地方對習俗和信仰發生影響，直到遲早有一天，透過某些特殊經歷的影響和作用，或者透過特別醉心於投身於這種精神的人們的影響，它再次更加強烈、更加熾熱地爆發出來，並對更為廣大的人民群眾產生作用。正是在這個意義上，以色列人的古代宗教史才必然會受到青睞。任何人如果僅僅根據編年史的記載，按照我們所探討的宗教路線，從迦南人民最初的五百年生活中構想摩西宗教，那就一定會犯嚴重的方法論的錯誤。」❺❾沃爾茲更清楚地表明了他的信念：「摩西的天馬行空般的學說最初只是很不經意地被理解和執行，直到在許多世紀的發展過程中，它才愈來愈深入人心，最終在那些偉大的先知們當中尋到了知音，恢復了元氣，這些先知們繼續恢宏著

這位孤獨的創業者的業績。」❻

　　至此，我已經得出了我的研究結論，這項研究的唯一目的是把埃及人摩西這個人物與猶太歷史聯繫起來。我們的研究結果可以用最簡潔的方式表達出來。我們所熟知的猶太歷史具有二重性：兩個民族融合成為一個民族，這個民族又分裂為兩個王國，在《聖經》的文字資料中有兩個神的名字。現在我們要在這種二重性上加入兩項新的二重性：建立了兩種宗教——第一種被第二種所壓抑，但以後又浮現出來，並佔了上風、取得了勝利；還有兩位宗教創立者，他們的名字相同，都被稱為摩西，但兩者的人格卻必須相互區別開來。後來的這些二重性都是第一種二重性的必然結果；事實上，該民族的一部分經歷了一次創傷性的體驗，而另一部分則倖免於難。除此之外，還有相當多的東西要討論、解釋和判斷，只有這樣，我們純粹歷史研究的興趣才能得到真正的確保。一種傳說或傳奇的真正實質究竟何在？它的特殊力量到底在哪裏？人們怎麼做才能不至於武斷地否認偉大人物在世界歷史上的個人影響？如果我們只承認那些從物質需要中萌發出來的動機，那會如何褻瀆了人類生活的豐富多彩？某些觀念（尤其是宗教觀念）是從什麼根源獲取了桎梏個人和民族的力量？在猶太人歷史這種特殊的背景下研究所有這些問題，將是一項誘人的工

作。如果繼續我對這些思路的研究,將會把我二十五年前在《圖騰與塔布》(*Totem and Taboo*,1912-1913)中提出的觀點聯繫起來。但是目前,我感到我不再有力量這樣做下去了。

註 釋

❶指登在《意象》雜誌(1937)上的論文一〈摩西,一個埃及人〉。

❷我們並不清楚在〈出埃及記〉中涉及到多大數量的人。

❸ "Geistig"在這裏譯為「精神和理智的」。這個概念在本書的結尾處變得十分重要,特別是在論文三第二部分的第三節。

❹布雷斯特德稱他為「人類歷史上的第一人」(*History of Egypt,* 1906, p.356)。

❺下述內容基本上是根據布雷斯特德的《埃及史》(1906)和《良心的曙光》(1934),以及《劍橋古代史》(*The Cambridge Ancient History,* 1924,Vol.Ⅱ)的有關章節編輯而成。

❻甚至阿蒙霍特普的愛妻納芙蒂蒂(Nefertiti)也可能是亞洲人。

❼「但是,無論這種起源於赫利奧波利斯的新國教是多麼顯而易見,它也絕不僅僅是簡單的太陽崇拜;阿頓這個詞在古老的用法中叫做『神』(nuter),顯然,『神』有別於做為物質的太陽。」(Breasted, *History of Egypt*, p.360.)「顯而易見,這位國王把人們在地球上所感受到的太陽的力量崇拜為神。」(Breasted, *Dawn of Conscience*, p.279.)對於阿頓神的崇拜,厄爾曼也有類似的評論:「這是一些盡可能抽象地表達其意義的詞,受崇拜

的不是這個天體本身，而是內在地展現自己的那種存在。」（A. Erman, *Die Egyptische Religion*, 1905, p.66.）

❽ Breasted, *History of Egypt*, p.374.

❾ 在德文版中，這個名字拼作 Ikhnaton，英文拼作 Akhenaton。國王的新名字大致和以前的名字意義相同，即「神是滿意的」。"Ikhnaton" 是布雷斯特德美語式的翻譯法。

❿ 正是在那裏，1887 年發現了埃及國王和他們的亞洲朋友及諸侯們的通信。這一發現具有極其重要的歷史意義。

⓫ Breasted, op. cit., p.368。

⓬ 韋戈爾說，阿肯那頓斷然否認地獄的存在，為了抵禦這個地獄的侵害，人們採用數不清的魔法符咒來保護自己。「阿肯那頓把所有這些宗教信條全部付之一炬。妖魔鬼怪、精靈、半人半神、魔鬼以及奧塞利斯本人連同他的陰曹地府，毫無例外地被阿肯那頓投入熊熊烈火，化為灰燼。」（Arthur Weigall, *The Life and Times of Akhenaton*, 1923, p.121.）

⓭ 「阿肯那頓不允許替阿頓製作任何塑像。這位國王說，真正的神是沒有形式的；而且，在他的一生中始終堅持這個觀點。」（Weigall, op. cit., p.103.）

⓮ 「關於奧塞利斯及其王國，人們再也聽不到什麼了。」（Erman, op. cit., p.90.）「奧塞利斯完全被遺忘了、被忽略了。無論是在關於阿肯那頓的記載中，還是在關於阿馬爾那的墳墓中，都從來沒有提到過。」（Breasted, *Dawn of Conscience,* p.291.）

⓯ 〈創世紀〉（17, 9）；〈出埃及記〉（4, 24）。

⓰ Herodotus, *The Histories*, p.104.

⓱ 〈創世紀〉（34）。佛洛伊德說：「我十分清楚地知道，在如此專橫地對待《聖經》傳說——當它適合於我，我便利用它來證實我的觀點，當它與我的觀點相左時，我便毫不吝惜地拋棄它——時，我使自己面臨了方法論上的批評，而且，這削弱了我論證的說服力。但是，這是一個學者對待他所明確熟知的資料

的唯一方式，這種資料的可信性已被那些帶有目的性用意的扭曲影響所嚴重損害了。我希望當我發現這些祕密動機的痕跡之後，我將隨之發現一定程度的合理性。須知，在任何情況下都不可能獲得確定無礙的結果。實際上，研究這一問題的其他學者，也都採取同樣的程序和方法。」

⓲ 這個時期大約在阿肯那頓時代之前的兩百年，這是閃米特人（也就是所謂的「牧人王」）統治埃及北部的一段混亂時期。

⓳ 如果摩西是個高級官員，就能夠使人容易理解他為什麼能夠擔當猶太人的領袖這個角色；如果摩西是一位祭司，那麼，他身為一種宗教的創立者也是自然而然的事。在這兩種情況下，他都有可能繼續從事他先前的職業。而一位皇室的王子很容易兼具這兩種可能——既是一位統治者，也是一位宗教祭司。約瑟夫斯接受了關於棄嬰的傳奇故事，但他似乎接觸過除了《聖經》之外的其他版本。在約瑟夫斯的敘述中，他認為摩西是一位埃及將軍，他曾在衣索比亞打了一場勝仗（Flavius Josephus, *Jewish Antiquities*, 1930, p.269ff）。

⓴ 〈出埃及記〉（13, 3、14及16）。

㉑ 這樣就使得出埃及的時間比大多數歷史學家所假定的要早了一個世紀，這些歷史學家認為，出埃及發生在邁爾奈普塔（Merneptah）統治下的第十九王朝；也有可能比前文所述的要晚一些，因為埃及官方的歷史檔案似乎把荷倫赫布統治下的空位期也包括在內。

㉒ 希羅多德在大約西元前450年訪問了埃及。他在敘述旅行見聞時談到埃及人的一個特徵，該特徵與後來猶太人的顯著特徵驚人地相似。他說：「他們在所有方面都表現出比其他民族更大的宗教虔誠。他們的許多風俗，如割禮，也顯得與眾不同。他們施行割禮，理由是清潔，且比其他民族更早實行。此外，他們很害怕、也很厭惡豬，這無疑是因為塞特（Seth）曾經變成一頭咬傷何露斯（Horus）的骯髒黑豬；其次，最明顯的是，他們

對母牛極為崇敬，從來沒有吃過母牛，也從來沒有把母牛當做犧牲品供奉，因為那樣會得罪長著牛角的女神伊西斯（Isis）。由於這個緣故，沒有任何埃及男女會與希臘人接吻，或者使用他們的刀叉、廚具，或食用以希臘人的刀所宰殺的尚未交配過的公牛……他們傲慢而狹隘地蔑視其他民族，認為他們是骯髒不潔的，根本無法像他們這個民族那樣接近上帝。」（Erman, op. cit., 181ff.）當然，我們不會忘記在印度人的生活中也有類似的記錄。而且，順便提一句，究竟是誰曾向十九世紀的猶太詩人海涅（Heine）建議，他應該抱怨他的宗教，就像「從尼羅河谷蔓延的瘟疫，成了古老埃及不健康的信仰」（摘自一首詩：〈漢堡的新猶太醫院〉）呢？

㉓ 這件軼事還以略為不同的形式出現在約瑟夫斯的《古代猶太人》（*Jewish Antiquities*）英譯本中（頁265及其下）。

㉔ 〈出埃及記〉（2, 11-12；32, 19）。

㉕ 它的確切位置無法確定，但很可能是現在所知的內蓋夫（Negev），大約和佩特拉（Petra）同一緯度，只是稍微偏西約五十英里。

㉖ 《聖經》故事裏的某些章節（如〈民數記〉〔20, 6-9〕）仍然認為耶和華是從西奈降臨到麥里巴–夸底斯的。

㉗ E. Meyer, *Die Israeliten und ihre Nachbarstämme*, 1906, pp.38, 58.

㉘ 〈出埃及記〉（3, 1及18, 2-27）。

㉙ Meyer, op. cit., p.49.

㉚ 〈約書亞記〉（5, 9）。

㉛ Meyer, op. cit., p.449.

㉜ Ibid., p.451.

㉝ Ibid., p.49.

㉞ 這些似乎是夸底斯的一些泉水的名字。參見〈出埃及記〉（17, 7）。

㉟ Meyer, op. cit., p.72.

㊱〈出埃及記〉（1, 16及22）。

㊲Meyer, op. cit., p.47.

㊳〈民數記〉（21, 9）。

㊴Hugo Gressmann, *Mose und Seine Zeit*, Göttingen, 1913, p.54.

㊵1910年《大英百科全書》第十一版，第三卷，「聖經」條目。

㊶參見 Auerbach, *Wüste und Gelobtes Land*, 1932.

㊷1753年，阿斯特魯克（Asturc, 1684-1766）第一次區分了以耶和華做為上帝名字的作品和以埃洛希姆做為上帝名字的作品。阿斯特魯克是法國路易十五王朝的一位宮廷醫生。

㊸從歷史來看，可以肯定，猶太版的《聖經》最終在西元前五世紀由於埃茲拉（Ezra）和尼赫邁亞（Nehemiah）進行改革的結果而穩定下來——也就是說，事情發生在被放逐之後，在對猶太人友好的波斯人的統治期間。根據我們的推測，自摩西出現之後，已經大約有九百年的時間過去了。這些改革制定了一些嚴格的政策法規，目的在於使整個民族神聖化；由於禁止與外族通婚，他們與臨近民族的隔離也得以有效地實現，「摩西五書」也就完成了所謂「祭司法典」的修訂，這本真正的律法鉅著的最終形式也得以固定下來。然而，似乎可以肯定地說，這些改革並未引進任何新的有目的性的動機，反倒在某些方面接受和強化了早先的目的。

㊹A. S. Yahuda, *Die Sprache des Pentateuch in ihren Beziehungen zum Agyptischen*, 1929, p.142.

㊺如果禁止他們製作畫像，他們甚至應該已經具備了放棄象形文字的圖畫式書寫，而採納其書寫符號來表達一種新的語言。參見 Auerbach, op. cit. 。

㊻在德語中 "Stelle" 的意思是「一個地方」，"ent" 是個前綴，表示條件的改變。

㊼參見〈出埃及記〉（6, 3）。使用新名字的種種限制並沒有因此變得更容易被人理解，反而更使人產生懷疑。

❹ 〈創世紀〉（17, 9-14）。

❹ 耶和華（Jahve）無疑是個火山神。埃及的居民沒有任何理由崇拜他。「耶和華」這個名字的發音聽起來和其他神的名字，如「丘比特」（Jupiter）、「朱維」（Jove）的詞根相似（"j" 這個字母在德文裏的發音和英文裏的 "y" 類似）。我當然不是第一個對這種相似性感到驚奇的人。「約克南」（Jochanaan）這個名字是由希伯來語的耶和華的一個縮略詞組成的——它和德文的 "Gotthold"（上帝是仁慈的）與迦太基語的同義詞 "Hannibal" 之類的相似性形式相同。約克南這個名字的形式如同「約翰」（Johann，John）、「珍」（Jean）和「胡安」（Juan）一樣，現在已經成了歐洲基督教國家最受歡迎的教名。義大利人把它改為 "Giovanni"，另外又把每週的某一天稱做 "Giovedi"（星期四），從而表明了某種類似性。這樣的類似性可能包容了很多含意，也可能沒有什麼意義。在這一問題上，許多廣泛而又非常不確定的前景展現在我們面前，在歷史研究幾乎無法探討的那些模糊不清的世紀裏，地中海東部盆地周圍的國家似乎是經常發生強烈火山噴發的地區，這肯定會給當地居民留下強烈的印象。埃文斯（Evans）設想，那索斯的米諾斯宮殿之所以毀於一旦，也是由於一次地震造成的。很可能跟在愛琴海的大部分地區一樣，當時的克里特地區也非常崇拜偉大的母親之神。火山地震的破壞性結果使得人們認為女神無法保護她的人民的房屋財產免遭更強大力量的攻擊，因此，她不得不讓位給一位男性神祇。果真如此，那麼，火山神就是第一個提出要取而代之的神。宇宙畢竟總是保持「地球滾動者」的稱號。幾乎毫無疑問的，正是在這樣蒙昧的時代，女性神才被男性的神祇所取代（男性神祇最初就是女性神的兒子）。智慧女神雅典娜無疑就是母性神的當地形式，她給人留下的印象尤其深刻，她被那場宗教改革貶為一個女兒，她自己的母親也被剝奪，並且透過把貞潔強加給她，使她永遠不能做一個母親。

(50)在那樣一個時期，幾乎不存在影響他們的任何其他方法。

(51)值得注意的是，我們真的很少聽說在幾千年的埃及歷史中使用暴力除掉或謀殺法老的事。如果把這個事件和亞述的歷史作一比較，我們一定會倍感驚異。當然，也可以用這樣的事實來說明事情的原委：埃及歷史的編寫是完全為官方的目的服務的。

(52)〈民數記〉(14, 33)。

(53)〈出埃及記〉(32, 19)。

(54)Meyer, op.cit., p.222.

(55)參見福樓拜，《聖・安東尼的誘惑》。

(56)〈出埃及記〉(3, 8)。

(57)〈申命記〉(13, 15)。

(58)他的頌歌不僅強調神的普遍性和唯一性，而且強調神對所有生物的愛和關懷；這些頌歌還鼓勵人們享受大自然中蘊藏的快樂，賞識大自然的美帶來的愉悅。參見布雷斯特德，《良心的曙光》。

(59)Ernst Sellin, *Mose und Seine Bedeutung für die israelitisch-jüdische Religionsgeschichte*, 1922, p.52.

(60)Paul Volz, *Mose* (Tübingen, 1907), p.64.

第三篇
摩西，他的人民和一神教

序　言

一　寫於 1938 年 3 月前（維也納）

懷著一個幾乎無所失或完全無所失的人的膽量，我想再一次打破自己久已下定的決心，將我一直壓在手上不想發表的最後一部分文章發表出來，繼續我發表在《意象》雜誌上的兩篇論文❶中關於摩西的討論。當我寫完第二篇文章時，我曾經說過，我充分了解自己的力量不足以勝任篇末提到的任務。當然，我指的是伴隨年老而來的創造力的衰退❷。同時，我也想起了另外一個障礙。

我們生活在一個特別引人注目的時代，在這樣一個時代裏，我們驚奇地發現，進步和野蠻結成了同盟。蘇維埃俄國已經做出努力來改善至今仍受到壓迫的成千上萬的老百姓的生活。政府當局夠勇敢了，他們取締了人民的宗教「鴉片」；他們也夠明智，開始允許人民享受相當程度的性自由。然而，與此同時，當局卻迫使人民服從於高壓政治，並掠奪思想自由的每一種可能性。義大利人民遭受著同樣的暴力，他們正在被灌輸所謂的責

任感和紀律意識。就目前的情況而言，我們如釋重負地發現，德國的進步思想居然還能夠在每一方面都向史前的野蠻狀態全面退化的背景下產生。不管在哪個例子裏，事情發展的結果都是如此：如今，保守的民主黨人已經成為文化進步的衛道士；更奇怪的是，正是天主教會對危及文化的行徑展開了頑強的抵抗——而天主教會至今一直是所有自由思想不共戴天的仇敵！正是它自始至終頑固地反對思想自由，抵制任何對真理的嚮往和發現真理的努力！

我們現在生活在一個在天主教會保護之下的天主教國家，而且尚不清楚這種保護還能夠持續多久。但是，只要這種保護在持續，我們自然就會在進行有可能引起教會敵意的事情方面猶豫不決。這並不是懦弱，而是謹慎。我們並不想為之服務的新敵人，比那個我們已經學會與之周旋的宿敵更危險可怕。在任何情況下，我所進行的精神分析研究都會受到天主教會的猜疑和警覺。我並不堅持認為這樣的做法是很不公正的。如果我們的研究使我們得出一個結論，把宗教貶低成了人類的一種神經症；如果我們像看待個體病人的神經強迫症那樣來解釋宗教的巨大力量，那麼可以確信，我們在這個國家將招致當局的深仇大恨。這不是因為我現在並沒有什麼新的東西要講，也不是因為四分之一世紀之前我沒有將所

有的東西表達得清清楚楚，而是當時它就已經被忘卻了，如果我今天再來重複它，並且從一個為所有的宗教基礎提供標準的例子中來闡明它，那它必定會有些作用。這樣導致的結局很可能是，我們的精神分析活動被禁止、被取締。對天主教會來說，這類粗暴野蠻的壓制手段簡直是爛熟於心、得心應手；事實上，如果有人使用這些同樣的方法，天主教會會覺得這是冒犯它的特權。精神分析和我漫長的一生相伴隨，它除了在這個誕生和成長的城市，再也找不到另外一個地方能夠使它更好地發揮作用。

我不僅這樣認為，而且清楚地知道，這第二個障礙，即外部危險，將阻撓我發表關於摩西的論文的最後部分。我曾經做過另外的嘗試，我一直告誡自己，我之所以存在這種恐懼，是因為我高估了自己的重要性，當局對我要說的關於摩西與一神教的起源可能是相當無所謂的。然而，我對我的判斷是否正確並不確定。在我看來，在世人眼裏，我更可能被看做一個心懷惡意、喜歡危言聳聽並製造奇談怪論的人。因此，我將不發表這篇論文，但這並不妨礙我撰寫它。尤其是我在兩年前❸就已經寫過，所以，我只需把它稍做修改，並把它附加到前面那兩篇論文中去即可。因此，我在這裏可以把它悄悄地保留著，直到有那麼一天可以毫無忐忑之虞地讓它

重見天日，或者能夠告訴某個得出同樣結論、持有同樣見解的人：「早在更黑暗的那些年代裏，就已經有人像你一樣思考過同樣的問題。」

二 寫於 1938 年 6 月（倫敦）

在從事摩西這個人物的研究期間，那些壓在我身上的異乎尋常的巨大困難——內心的疑懼和外部的障礙——導致了這第三篇文章（也就是這篇結論性的論文）採用了兩個完全不同的序言，這兩篇序言相互矛盾，而且確實也相互抵消了。因為在撰寫這兩篇序言的短暫間歇，我的外部環境發生了急劇的變化。我原來居住在天主教會的保護之下，唯恐發表這篇論文會使我失去那種保護，也害怕在奧地利從事精神分析的實習醫生和學生們會失去工作。然後，德國人突然入侵，而天主教則被證明（用《聖經》裏的話說）是「不可信賴的人或物」。由於確信我肯定會受到迫害——這不僅是因為我的思想路線，而且還因我的「種族」——我和我的很多朋友一道離開了從孩提時代就是我的家園達七十八年之久的城市。

我在美麗、自由、慷慨的英國受到了最親切的歡迎。我這個從壓迫中解脫出來的人，做為一個受歡迎的

客人居住、生活在這裏。現在，我可以發出寬慰的歎息了，沉重的負擔已經從我身上卸去，我又能講話和寫作了——我差點說成是「和思想」了——正像我所希望做的或所必須做的那樣。同時，我也敢於把我研究的這最後一部分公諸於世。

沒有任何障礙存在了，或者至少再也沒有令我感到驚慌不安的東西了。在我來到之後的短短幾週內，我已經收到了數不清的問候。朋友們告訴我，他們看到我在這裏覺得非常高興，我也收到了一些不相識的、但對我的工作感興趣的陌生朋友的問候，他們只是想表達對我在這裏獲得了自由和安全的欣慰之意。除此之外，我還收到了另外一類信件，這些信件常常使我這個外國人感到驚奇。它們很關心我的靈魂的狀態，為我指明了基督的道路，並且想啟發我關心以色列的未來。用這樣一種方式寫信給我的那些善良的人們可能對我還不太了解；但是我預計，當我這篇關於摩西的論文在我的新同胞中以譯本的形式公開發表時，我將失去許多其他人像現在不少人所表現出來的那種同情。

至於內心的壓力，不會因為一場政治革命和居住地的遷移而有什麼大的變化。在面對我自己的工作時，我仍然感到難以保持　種愉悅的心境，我時常感到心緒个定，我缺乏那種本應該存在於作者和他的作品之間的整

體意識和歸屬感。這似乎不是因為我不相信我的結論的正確性。早在四分之一世紀之前的 1912 年，當我開始寫作《圖騰與塔布》一書時，我就獲得了這種信念，而且在那之後，我愈來愈堅信自己的發現。從那時起，我就從未懷疑過，宗教現象只有按照我們所熟悉的個體的神經症模式才能被理解——宗教現象是人類大家庭的原始歷史中早已被忘卻的、重要歷史事件的復歸——正是由於這個根源，宗教現象才獲得了其強迫症的特徵。相應地，宗教對人類的作用是強制推行它們感到滿意的歷史真理。只有當我捫心自問，我是否在我選定的關於猶太一神教的這個例子中成功地證明了這些論點時，我的懷疑才開始出現。從一種批判的眼光來看，這本以摩西這個人物為出發點的書，就像一個用腳尖保持身體平衡的舞者。如果我不能在對棄嬰神話傳說的分析性解釋中找到支持的根據，不能由此轉向塞林對摩西之死的猜想，整篇論文是無法完成的。不管怎樣說，還是讓我們冒險進行下去吧。

第一部分

一 歷史的前提 ❹

　　以下所述即是吸引我們注意力的事件的歷史背景。由於第十八王朝的征戰，埃及變成了一個世界帝國。這種新的帝國主義反映在宗教理念的發展中，這些宗教理念如果說不是屬於全體人民的，它至少也是在統治階層或起積極作用的上等知識分子階層中間分享和傳播。由於古老北方（赫利奧波利斯）太陽神祭司的影響，也許還由於來自亞洲的推動力的強化，宇宙神阿頓應運而生，人們再也不把這種神的觀念僅限於一個國家或一個民族。年輕的法老阿蒙霍特普四世登上王位之後，便對發展一神信仰產生了前所未有的濃厚興趣。他把阿頓宗教推動成為國家宗教，這個普世之神變成了唯一的神：那些關於其他神祇的所有說法和記述全都是欺騙和謊言。懷著莊重而堅定的態度，他反對巫術思想的一切誘惑，並且拒斥埃及人尤其熱衷的對死後生活的幻想。類似於後世才出現的科學發現，他認識到地球上一切生命的根源來自於太陽照射帶來的能量，因而他把太陽做為

他的神的力量的象徵來崇拜。他滿腔喜悅地讚美上帝創造的萬物，對自己生活在真理和正義之中感到榮耀。

這有可能是人類歷史上第一次出現的一神教，也可能是最純正、最清晰的一次；對其起源的歷史的和心理的條件做深入的探索，以洞見其中發揮決定作用的因素，這將具有不可估量的價值。但是，必須小心的是，關於阿頓宗教流傳下來的資料並不多見。早在阿肯那頓優柔寡斷的繼承者們的執政期間，他所創造的一切已經土崩瓦解了。他所壓制的祭司們對他的回憶充滿了敵意和憤怒；阿頓宗教被廢除了，那個被稱為罪人的法老的首都也遭到了毀壞和掠奪。大約在西元前 1350 年，第十八王朝壽終正寢；在經歷了一段時期的無政府混亂狀態之後，荷倫赫布將軍恢復了秩序，並一直統治到西元前 1315 年。而阿肯那頓的改革似乎已經成了一段註定要被忘卻的插曲。

這就是確立的歷史背景；而現在我們可以開始我們假設的續篇了。在阿肯那頓的親信隨從中有一個人物，名叫土特摩西（Tuthmosis），和當時很多人一樣❺，他的名字也叫「摩西」──名字本身並不重要，只是他的名字的後半部分引起了我們的注意。他的地位很高，而且是阿頓宗教的忠實信徒，但是，和那位喜歡沉思默想的國王大不一樣，他精力充沛，激情昂揚。對他來說，阿

肯那頓的駕崩和阿頓教的廢除意味著他以前所有的希望都破滅了。如果他繼續留在埃及，只能成為一個非法拘留的惡棍和離經叛道者，遭到排斥。或許身為邊疆省份首領的他已經與早在幾代之前就移居過來的某個閃米特部落取得了聯繫。他一定是在極度的失望和孤獨之中轉向了這些外國人，並和他們一道尋求對他的損失的補償。他選擇他們做為他的人民，並試圖在他們之中實現自己的理想。在他的隨從的陪伴下，他與他們一起離開了埃及，此後，透過採納割禮這個標誌，他使他的人民變得神聖化，為他們制定了律法，並且引進了埃及人剛剛拋棄掉的阿頓宗教的信條。摩西這個人給他的猶太人的訓誡比他的主人兼老師阿肯那頓的訓誡還要嚴厲，而且他可能已經擺脫了對阿肯那頓一直追隨的古老北方太陽神的依賴。

我們必須在西元前 1350 年之後的那段空位期找到出埃及事件發生的具體日子。此後一直到完成對迦南地的佔領，這段時間間隔及其中發生的事件尤其難以推測。現代的歷史學究卻能夠從《聖經》記述留下的（毋寧說是虛構的）模糊難解之中鑑別抽離出兩個事實。其中第一個事實是由塞林所發現。他認為，即便是按照《聖經》裏的記述，那些猶太人也是冥頑不化、難以控制的；他們無禮地對待他們的立法者和領袖，不服從管束。終於

有一天，他們造了反，不僅殺掉了他這個人，還把他強加給他們的阿頓宗教拋棄掉，正像從前埃及人拋棄它那樣。第二個事實是由邁耶證實的，他發現，那些從埃及回歸的猶太人後來和位於巴勒斯坦、西奈半島以及阿拉伯之間地帶的關係親近的部落聯合起來，並且在阿拉伯米底人的影響之下，在當地一處名叫夸底斯的泉水四溢的地方，接受了一種新的宗教，即對火山神耶和華的崇拜。此後不久，他們就做好了入侵迦南地的準備。

這兩個事件之間的年代關係以及它們和出埃及的關係是非常難以確定的。最接近的歷史參照是由邁爾奈普塔法老（他在位的時間一直持續到西元前 1215 年）的一塊石碑提供的，據碑文記載，關於敘利亞和巴勒斯坦的戰鬥報告把「以色列」人列入被打敗的敵人之中。如果我們把這塊石碑的日期做為界線，那麼，我們就為從出埃及開始的事件的全部過程留出了大約一個世紀（從西元前 1350 年後到西元前 1215 年）的時間。但是，很有可能的是，「以色列」這個名字和我們正在探究其命運的那些部落無關，實際上，我們還掌握著更長的時間間隔。後來的猶太民族在迦南地定居，當然不是透過一次征服而迅速完成的，而是經歷了坎坎坷坷，花費了相當長的時間。如果我們擺脫邁爾奈普塔石碑加給我們的局限，我們就可以輕而易舉地把一代人（三十年）的光陰

歸於摩西時期❻，而且至少允許兩代人，也可能是更長的時間，一直過渡到在夸底斯進行聯合❼。在夸底斯和入侵迦南地之間的間隔只需很短一段時間。在前一篇論文中所展示的猶太教的傳統，已經具備了足夠的理由可以縮短出埃及和夸底斯建立宗教這兩件事之間的時間間隔，而相反的情況卻正是我們研究的興趣所在。

　　無論如何，這些仍然只是歷史，是為了填補我們歷史知識的空白，而且部分地說是重複了我在《意象》雜誌上發表的第二篇論文（即上述論文二）。我們的興趣在於探究摩西及其教義的命運。由於猶太人起來造反而把摩西及其教義推上了絕路。從《舊約全書》的前幾卷作者所做的說明來看——這些記載大約是在西元前一千年左右寫成的，當然是依據更早的資料寫成——我們已經發現，與那次聯合以及在夸底斯建立宗教相伴隨，雙方還發生了一次妥協。這次妥協的兩個方面至今仍然清晰可辨。一方所關心的是否認耶和華神是個新奇的外來神，並且強烈地要求人們效忠於祂；另一方則渴望不要忘記把猶太人從埃及解放出來以及對摩西這個領袖人物高大形象的珍貴記憶。這一方也成功的把所有這兩個事實和摩西這個人物引進到史前史的說明中，至少保留了摩西宗教的外部標誌——割禮，而且在使用新神的名字方面還可能提出了許多限制。正如我們已經談到的，提

出這些要求的是摩西的追隨者即利未人的後代，他們與同時代、同胞分離的時間只有幾代，仍然保留著對他的活生生的記憶。我們把用詩歌般的語言渲染的解說先是歸因於耶和華的信徒們，後來歸因於他的對手埃洛希斯的追隨者們。這些解說就像一些墓碑，人們對那些早期事件——即關於摩西宗教的實質以及這位偉人的暴死——的真實記錄，不僅在後代人的記憶裏被逐漸忘卻，而且最終在這些墓碑下面永久地長眠了。如果我們對已經發生的事情做出了正確的猜測，那麼就沒有什麼令人困惑的事情遺留下來；然而，這可能預示著猶太人歷史中關於摩西這一插曲的最後結局。

然而，值得注意的是，情況並非如此——在以後的歲月裏，對猶太人那段經歷的最強大的影響表現了出來，並在許多世紀的發展過程中變成了現實。在性格特徵上，耶和華可能和周圍民族、部落的諸神祇有很大的不同。事實上，耶和華甚至和祂們進行過鬥爭，就像那些民族自己相互爭鬥一樣。但是，我們可能會假設，在那時，耶和華的崇信者們做夢也沒想過要否認迦南、莫阿布（Moab）或阿馬利克（Amalek）等神祇的存在，更遑論否認信仰這些神祇的民族的存在。

由於阿肯那頓而星火燎原般燃起的一神教觀念再次陷入黑暗沉悶之中，並且要在黑暗中等待很長一段時間

才會浮現出來。正好在這個時刻，尼羅河第一大瀑布下方的埃勒芬廷（Elephantine）島上所發現的東西，為我們提供了令人驚喜的訊息：正是在那個地方，猶太人的軍事殖民地已經定居了好幾個世紀；更重要的是，在他們的神廟裏，除了主神耶和華之外，還有另外兩位受到崇拜的女神，其中一位名字叫做安納特－耶和華（Anat-Jahu）。那些猶太人確實是從他們的祖國分離出來的，並且沒有參與那裏的宗教發展活動；（西元前五世紀時）埃及的波斯人政府向這些猶太人傳達了從耶路撒冷發佈出來的關於宗教信仰和神祇崇拜的新規定❽。回頭看看更早的時代，我們可以說，耶和華與摩西理所當然毫無相似之處。阿頓和祂在人世間的代表——或者，更確切地說，祂的原型——阿肯那頓法老一樣，是一個和平主義者，當他的祖先征服過的世界帝國分崩離析時，他只能消極被動地袖手旁觀，眼睜睜地看著它頹然倒塌。毫無疑問，對於一個隨時準備用武力去佔領新的國土的民族來說，耶和華是比較合適的。而應當得到仰慕的摩西神的一切，則完全超出了原始民族所能理解的範圍。

我曾經談到過——而且，在這一點上我很高興能夠表示贊同其他作者的意見——猶太宗教發展歷程中的關鍵事實是，隨著時代的演進，耶和華神逐漸失去了本身的獨特性，祂在很多方面愈來愈類似於古老的摩西神祇

阿頓。事實上，這種差別依然存在，人們往往一眼看去就能夠看出哪些差異更重要；對這些差異做出解釋也是比較容易的。

在埃及，阿頓的統治開始於這樣一個幸運的時期：阿頓確定了自己的屬地，甚至當帝國岌岌可危時，祂的追隨者仍然能夠排除一切干擾，繼續頌揚和賞識祂所創造的一切。猶太人命中註定要經歷一系列重大得令人心痛的苦難事件，要經受嚴峻的考驗；他們的神由此變得苛刻而嚴厲，而且，正如祂曾經表現過的那樣：無精打采、意志消沉。祂仍然保持著做為宇宙神的那些特徵：統治所有的國家和人民，是唯一的神。而事實上，人們對祂的崇拜已經從埃及人轉到了猶太人那裏。這個事實以附加的信條表現出來，即猶太人是祂選定的子民，他們所盡的特殊義務最終也將會得到特殊的獎勵。在這個過程中，讓經歷了悲慘和不幸命運的這個民族去馴順地相信他們被萬能的神所青睞、所選中，恐怕不是件容易的事。但他們並不允許自己被這些懷疑和迷惑所動搖；他們加深了自己的負罪感，以便壓制他們對上帝的懷疑，或許就像當今時代虔誠的教徒所做的那樣，把這種疑惑當成了「上帝奧妙難解的教令」。唯一使他們感到困惑的是，上帝竟然容許接踵而來的入侵者——亞述人、巴比倫人、波斯人——起來推翻和虐待他們。當然，當

他們發現所有這些邪惡的敵人都逐一被征服、敵人建立的帝國也被摧毀時，他們便重新認識到了祂的威力。

後來，猶太人的神祇在三個重要的方面終於和古老的摩西神趨於類似。第一個方面，也是決定性的方面，就是祂被真正地承認為唯一的神，除了祂之外，任何別的神祇的存在都是不可想像的。整個民族都嚴格認真地遵從阿肯那頓的一神教；的確，該民族如此忠信於這一觀念，以至於他們把它當作知性生活的主要內容，並且對別的事情不再感興趣。其中，佔支配地位的人民和祭司階層一致贊同這一點；但是，由於祭司們不遺餘力地試圖建立崇拜上帝的儀式，他們卻發現在人民中流行的強烈思潮與此背道而馳：人民竭力復興摩西關於他的上帝的另外兩種教義。先知們總是孜孜不倦地宣稱，上帝蔑視所有的儀式和犧牲，只要人們信仰祂，並在真理和正義中生活。而且，當他們讚美摩西在荒野中生活的簡樸和神聖時，他們實際上是受到摩西理想的影響。

現在，應該是我們提出下列問題的時候了：是否有必要認為，由於摩西的影響，最終促成了猶太人上帝觀念的形成？是否還不足以斷定，在許多世紀的文明生活中，猶太人曾經有過向更高精神境界自然發展的過程？這有可能結束我們所有的困惑和猜疑。對此，我可以做兩點說明。第一點，它什麼也沒有解釋。就希臘的情況

而言——毫無疑問，這是一個極其睿智的民族——同樣的情況下卻未導致一神教的誕生，反而導致了多神宗教的出現和哲學思想分化的開端。在埃及，就我們所能夠理解的情況來看，一神教是做為帝國主義的一種副產品而成長發展起來的：上帝是一個偉大帝國的絕對統治者法老的反映。對猶太人來說，政治條件很不適合於從一個排他性的民族神的觀念發展為世界的普遍統治者的觀念，但這個柔弱無力的民族何以敢傲慢地宣稱自己是偉大上帝的寵兒呢？一神教起源於猶太人的這個問題就這樣成了未解之謎，否則我們將不能滿足於一個常見的說法：這是該民族宗教天分和特性的表現。眾所周知，天才是不可理解的，也是難以說明的問題，因此，我們不該把這個說法當成一種解釋，除非解決該問題的所有出路都已經破滅了。

此外，我們還發現另外一個事實，猶太人的記載和歷史中都非常明確地強調指出，只有一個上帝的觀念是摩西賦予猶太民族的，這些歷史記載為我們指明了道路。這一次，他們自身沒有發生矛盾。如果對這種主張的可信度還有反對意見的話，那麼可以說，他們發現祭司們在對《聖經》進行修改時把過多的東西追溯到了摩西那裏。宗教儀式無疑是以後的年代所形成的習俗，它們也被說成是摩西制定的律令，這樣做的意圖顯然是為

了增加其權威性。這當然使我們有根有據地表示懷疑，只是還不足以提出反對意見或拋諸腦後。然而，這種誇張的、更深切的動機是顯而易見的。祭司們的敘述尋求的是在他們所處的時代和遠古的摩西時代之間建立某種連續性；尋求能夠否認我們已經描述過的關於猶太人宗教歷史的那些令人心驚的事實：即在摩西賦予猶太人法律和後期的猶太宗教之間存在著一條鴻溝——這條鴻溝起初是由對耶和華的崇拜而被填平，隨後才逐漸被掩蓋。因為在對《聖經》文本進行特殊處理時，已經有過多的證據證實這一判斷的正確性，但是，卻有人千方百計地否認這些事件的發展過程。在這裏，祭司們的修訂和把新神耶和華變成族長式的神的那種動機同樣具有歪曲、扭曲的特徵。如果我們把制定祭司法典的那些動機也考慮進來，我們將會發現，我們不能不相信，摩西確實把一神教的觀念親自傳給了猶太人。我們更應該完全贊同這樣的看法，因為猶太教的祭司們迄今都不知道摩西是從哪裏獲得這些觀念的，而我們卻可以提出一個明確的答案。

此處可能有人會提出這樣一個疑問：我們把猶太一神教的源頭追溯到埃及一神教那裏能夠得到些什麼呢？它只不過是稍微把這個問題往後推了一步而已；它所告訴我們的只不過是一神教的根源所在。對這樣的問題，

不在於非要獲得答案不可，而在於要進行研究。如果我們發現了這件事情的真實過程，我們也許可以從中了解某些東西。

二　潛伏期和傳說

因而，我們承認這樣一種信念：只有一個神的觀念，對於以這個神的名義所做的巫術般的有效儀式以及對於倫理需要的強調，實際上都是摩西的正統戒律。當初，人們對這些戒律並沒有給予足夠的重視，只是經過了相當長的一段時間之後，它們才開始發生作用，並最終永久性地建立起來。我們怎麼解釋這類遲到效應的出現？我們在何處會碰到類似的現象？

我們立即想到，在大多數情況下，這類事情在各式各樣的領域中並非不常見，它們可能以多種多樣的方式出現並或多或少地易於理解。我們不妨以一種新的科學理論為例子來闡明我們的觀點。以達爾文的進化理論來說，這個理論剛剛出現就遭到了令人痛心的排斥，經受數十載的猛烈抨擊和粗暴的否認；但是，經歷了不到一代人的時間之後，它就被認為是通向真理道路的一次飛躍，達爾文本人也獲得了安葬於西敏寺並立碑的榮譽。諸如此類的例子沒有什麼可疑慮的。新的真理往往會引

發情緒上的反抗。這些情況會表現在爭論中，在這些爭論裏，支持尚未普遍流行的理論觀念的證據易於遭受反駁和拒斥；不同理論觀點的鬥爭會持續相當長的一段時間。理論鬥爭一開始就有追隨者和反對者兩方，前者的數量和分量持續不斷地增加，直到最後終於佔了上風。在整個鬥爭過程中，它所關注的主題從未被忘卻。我們很少感到驚奇，事件的整個過程竟然佔用了如此長的時間；我們可能並不怎麼賞識以下的事實：我們所關注的是一個群體心理學的過程。

人們可以輕而易舉地發現，個體的心理生活與這種群體的心理生活恰好存在著相類似的地方。如果一個人聽到了某件事，他應當根據某些證據判別它的真實性；但這件事與他的某些願望相背離，並且對他曾經非常珍視的某些信念也是一種打擊和動搖。在這種情況下，他會猶豫不決，會尋找能使他懷疑這件事的真實性的理由，並且要在內心自我鬥爭一番，最後他承認：「事情的確如此，儘管對我來說要接受它、相信它並不容易，甚至非常痛苦。」我們從中學到的只不過是：對自我來說，要克服由強烈的感情宣洩所維持的障礙，需要花費相當長的時間來思考和推理。然而，這個案例與我們正力圖理解的案例之間並無太大的相似性。

我們要看的下一個案例看來與我們的問題更少共同

之處，這類例子可以發生在某種恐怖事件的體驗上——比如說，經歷了火車相撞事件，在這個事件中，某個當事人僥倖完好無損地存活下來。然而，在隨後的幾週裏，他逐漸出現了許多嚴重的精神不適和運動神經障礙，而這些症狀只能追溯到那次事件中受到的驚嚇。也就是說，他現在患了一種「創傷性神經症」。這是一個新的、相當不可理喻的事實，從那次事故到這種症狀首次出現的這段時間，稱之為「潛伏期」，這種描述用語是傳染性疾病病理學明顯的暗喻。透過審慎思考，我們會驚奇地發現，除了這兩種情況——創傷性神經症與猶太一神教——之間存在的基本差異之外，兩者畢竟還有一點十分一致，那就是，兩者均存在可以描述為「潛伏期」的一段時間。根據我們已經確定的假設，在猶太教的歷史上，在脫離摩西教之後曾經有相當長的一段時期。在這段時期裏，沒有發現一神教思想的任何痕跡，也沒有對儀式的輕蔑或對倫理道德的強調。因此，我們可以坦然地接受這種可能性，亦即，我們的問題的解決之道將會在特殊的心理學情境中找到。

我們已經多次描述過發生在夸底斯的事件：後來成為猶太民族的兩部分人結合在一起，共同接受一種新的宗教。一方面，在那些曾經生活在埃及的人們的心目中，對出埃及事件以及對摩西這個人物的記憶是如此強

烈和鮮明，以至於他們要求在早期時代傳統的影響下進行聯合。他們可能就是與摩西本人相熟相知的那些人的子孫後代，他們仍自認為是埃及人，並擁有埃及人的姓名。但是，他們也有足夠的動機來壓抑住對他們的領袖和立法者所遭遇的命運的記憶。猶太民族的另一部分具有一個決定性的目的，那就是美化、榮耀這個新神，並否認祂的外來性。這兩部分人同樣感興趣的是否認他們早期擁有過自己的宗教，並否認這種宗教內容的本質。由此產生了第一個協議，不久後該協議可能已經記錄在案。從埃及回來的那部分人帶來了文字書寫，也帶來了書寫歷史的願望，只是經過了很長一段時間才使歷史的書寫實現了不歪曲事實真相的承諾。起初，歷史的書寫及其解說無所顧忌地服從當時的需要和目的，彷彿人們還未認識到偽造這個概念似的。這種情景導致的結果是，關於同一事物的文字記錄與口頭傳承即傳說之間經常不一致。完整地保留於傳說中的東西卻被書面記載省略或更改了。傳說既是歷史記錄的重要補充，同時又與歷史記錄相矛盾、相衝突；它較少受到歪曲目的的影響，或者在某些方面根本不存在歪曲的意圖。因此，傳說可能比文字記載下來的東西更真實。然而，口頭傳說的真實性往往受到以下事實的削弱：它比書面記錄更不穩定、更不明確，在透過口頭交流，由一代人傳給另一

代人的過程中，更易於受到更改和變動。像這類的傳說
很可能會遭遇各種不同的命運。我們預料，最有可能發
生的一種情況是，傳說被書面文字排擠，它處於劣勢，
難以與書面記載相抗衡，它會變得愈來愈模糊不清，以
致最後被人忘卻了。但它也可能遭遇其他的命運，其中
一種可能是，傳說本身最終成為一種書面記錄的東西，
即口頭傳說最後被記載下來。隨著我們的討論的展開，
我們還將要提到其他一些可能性。

　　我們正在研究的猶太宗教史中的潛伏期現象，可以
用以下情景來解釋：由所謂「官方史學家」別有用心地
否認的那些事實和觀念實際上並沒有消失。有關這些事
實和觀念的訊息一直在該民族老百姓的傳說中存活著。
根據塞林的說法，甚至存在著一種關於摩西最終命運的
傳說，這個傳說與官方的說法正好相反，但卻更符合歷
史事實。同樣的，我們也可以設想，正如摩西本人的故
事以及摩西宗教的某些內容不被他的同時代人所接受一
樣，當時顯然已不再存在的其他一些事情也應作如是
觀。

　　這裏，我們所面對的顯而易見的事實是，這些傳說
在數百年的流傳演變過程中不是隨著時間的流逝變得日
趨衰微，反而變得愈來愈強大，並且在官方記錄的後期
修正成果裏佔了一席之地；最後，它表現得如此強而有

力，以至於會對該民族的思想和行為產生決定性的影響。然而，使這樣一種結果成為可能的那些決定性因素，的確超出了我們目前的知識範圍。

這個事實如此值得關注，以至於我們覺得應該對它重新審視一下。我們的問題就包含在裏面。猶太民族拋棄了摩西帶給他們的阿頓宗教，轉而崇拜另一個與其鄰近民族的巴利姆神（Baalim）幾乎沒有什麼區別的神。從此以後，所有的企圖和努力都沒能掩飾這一恥辱的事實。然而，摩西宗教並沒有消失得無影無蹤；有關它的一些記憶依然存活下來，儘管這可能是一種被掩飾、被扭曲的傳說。恰恰是這一關於昨日輝煌的傳說在繼續發揮著作用（事實上，它的確在背後起作用），逐漸在人民的心理生活中產生日益重大的影響，終於把耶和華神變成了摩西神，並復興了早在幾個世紀之前就已經引進、卻又在後來被拋棄的摩西宗教。這樣一種幾乎被忘卻的傳說竟然能夠對一個民族的心理生活產生如此重大的影響，這對我們來說確實是種不太熟悉的概念。在這裏，我們發現自己處在群體心理學的領域中，對這個領域的問題我們尚不能應付自如。我們將會找尋那些可以類比的領域和事物，探究那些至少具有類似性質的事實，即使這些事實屬於不同的領域。我相信，這類事實是能夠找到的。

　　在那段時期，猶太人復興摩西宗教的活動尚處在準備階段，而希臘人卻發現自己貯藏著格外豐富的部落傳奇和英雄神話。人們相信，在西元前九世紀或西元前八世紀就出現了兩部荷馬史詩的「藍本」，荷馬史詩就是從這些傳奇和神話中汲取材料的。如果具備了我們今天的心理學視野，我們早就應該在施利曼（Schliemann）和埃文斯（Evans）之間提出這樣一個問題：希臘人是從哪裏找尋到所有這些材料的（荷馬本人和雅典戲劇家們的傑作就是在對這些材料進行加工之後產生的）？答案應當是，這個民族很可能在其更早的史前史中經歷過一段對外業績輝煌、對內文化繁盛的一段時期，只是在後來的歷史發展中遭遇到了巨大的災難；但是有關那段黃金歲月的含混不清的傳說卻在這些傳奇中存活了下來。今天，我們的考古學研究已經證實了這個猜想。這在過去當然被認為是太離奇、太狂妄的奇怪念頭。這些研究已經發現了有關克里特─邁錫尼文明（Minoan-Mycenaean Civilization）的證據，這種令人難忘的文明在西元前1250年的希臘本土就已經走向終結。在以後的時代裏，希臘歷史學家中幾乎沒有人提到過它。最多有一些跡象顯示，克里特人曾經統治過海洋一段時間，還有人提到過米諾安國王及其宮殿的名字萊貝倫斯（Labyrinth）；這就是全部內容了，此外再沒有什麼東西保留下來。而

這些傳說，恰恰被詩人們抓住並利用了。

其他民族——日耳曼人、印度人和芬蘭人——的民族史詩也開始出現。研究和確定這些民族史詩是否如我們設想得那樣與希臘史詩有著同樣的起源和決定因素，這是文獻史學家的任務。我相信，這種研究產生的成果會是積極的、肯定的。這裏有一個我們認可的決定因素：在史前史之後，隨即出現了大量重要而豐富多彩的內容——這些內容通常是英雄事蹟——但是，它們出現的時代如此遙遠，以至於只有一些模糊不清、殘缺不全的傳說留傳給後人。古老的材料已經散失殆盡，而那些後來發生的事件卻又以歷史記載的形式取代了遠古的傳說。在我們當今的時代，即便是最偉大的英雄行為也無法激發出任何英雄史詩，即便是像亞歷山大大帝那樣的偉人也有權抱怨說，他再也找不到像荷馬那樣的大詩人來為自己歌功頌德了。

過去那些久遠的年代對人們的想像力具有偉大而令人迷惑的吸引力。每當人們對其所處的環境不滿時——這是常常發生的情況，他們便回想過去，並希望他們現在能夠證明一個令人難以忘懷的黃金時代夢想的真實性❾。他們可能仍然處在童年時代的魔力之下，人類不偏不倚的記憶使他們把童年時代當做無拘無束的歡樂時光。

如果所流傳下來的關於過去的一切，都是我們稱之

為傳說的東西，一些不完全的和模糊的記憶，那麼，這
對藝術家來說具有特別的吸引力，因為在那種情況下，
他可以自由地根據他想像的慾望來填補記憶的空白，來
描繪他希望根據他的意圖來再現的那一段時期。我們可
以這麼說，傳說愈是含混不清，它對於詩人就愈有用。
傳說對於富於想像力的詩作來說是如此地重要，我們不
必因此感到驚奇。透過把我們的論題和決定史詩的這些
方式作個類比，我們就更傾向於接受下面這個看似奇怪
的假設：對於猶太人來說，正是關於摩西的傳說，才把
對耶和華的崇拜轉化成了對古老的摩西宗教的崇拜。然
而，在其他一些方面，這兩個案例還有很大的差別。前
者的結果是一種宗教，而後者的結果是一首詩歌；在前
一種情況下，我們已經假定，它只是在傳說激勵之下對
昨日黃花的忠誠再現，而對史詩來說則提供不了足以相
匹的東西。因此，我們的問題還沒有解決。這足以說明
還需要作更適當的類比。

三　類比

　　對我們業已在猶太教歷史中發現的那些著名事件的
進程來說，唯一令人滿意的類比顯然存在於一個遙遠的
領域之中；然而，這一類比卻十分完滿，而又切近一致

性。在這一類比中，我們又一次遇到了潛伏期這一現象，即把一個早期出現、而後來被忘卻的事件解釋為一個必要的決定因素，這是一種不可理解的表象對解釋的呼喚。同時，我們還發現了強迫症——它支配著人的心理活動，並伴隨著對邏輯思維的壓制——的一個特徵，而史詩的誕生對這一特徵卻隻字未提。

這種類比在心理病理學，以及在人類神經症的起源中都能看到，也就是說，是屬於個體心理學的一個領域，而宗教現象理所當然應當被看做是群體心理學的一部分。我們將會看到，這一類比並不像原始人們設想的那麼令人驚奇。實際上，它更具基本原理的性質。

對於那些早期經歷過、而後來被忘卻的印象，我們稱之為創傷，並認為這種創傷是神經症病因學上意義非凡的因素。在這裏，對於神經症是否為一般意義的病因學上的創傷這一問題，我們可以暫時擱在一旁。對這種觀點的反對意見認為，不可能在每一個病例中都能找到神經症患者早期生活史中的明顯創傷。我們必須常常使自己順從這樣一種說法，即我們面對的都是對於影響每個人的經驗和需要的不合常規的、變態的反應，而這些反應經由他人以別的方式處理，就成了所謂正常的了。除了遺傳性和體質性傾向之外，當我們再也找不到更為方便的途徑和理由來解釋某種神經症時，我們自然會忍

不住說：這種症狀不是突然染上的，而是發展出來的。

　　但是，在這個問題中，有兩點必須強調指出。第一點，神經症的根源總是能夠追溯到童年時代的早期印象❿；第二點，確實還有一些情況可區分出來，視為「創傷」，因為它們的影響毫無疑問可追溯到早期某一種或許更強有力的印象。這些印象未經過正常處理，所以，人們傾向於認為，假若這些印象沒有出現，也就不會出現神經症；假如我們一定要把正在探討的這種類比僅限於這些創傷性的情況，這也足夠滿足我們的目的了。當然，這兩種情況之間的界線並非不可逾越。這兩種病因學的決定因素如果統一在一個概念之中也是完全可能的；這只不過是一個如何為「創傷」下定義的問題而已。我們還可這樣假設，只是由於某種數量因素的作用，經驗才獲得創傷性的特徵。也可以說，在任何情況下都是因為對某種不同尋常病理反應的經驗提出了過高的要求。這樣，我們就很容易姑且認為某一種事物在一種體質中可引起創傷；在另一種體質中就沒有這種效果。所以，所謂浮動的「補充系列」概念便以這種方式產生了。其中，這一種病理要求是由兩種因素結合起來而滿足的。一種因素的減少，被另一種因素的增加所替代；一般情況下，這兩種因素共同發揮作用。只是在該系列的兩端才有單一動機在起作用。講到這一點，我們就可以把創

傷性與非創傷性病因學確定為與我們正在探討的這種類
比有關。

　　儘管冒著某種重複的危險，我們還是可以把這些對
於類比構成十分重要的事實集中在一起。實際情況如
下：我們的研究業已證明，人們所說的神經症症狀是那
些體驗和印象的結果，這種結果被視為造成病因學創傷
的原因。現在，在我們面前還有兩個任務要去完成：（1）
發現這些體驗的共同點；（2）找出神經症症狀的共同特
徵。我們這樣做的同時還需做些簡略的描述。

　　1.（1）所有這些創傷都發生在幼童時期，一直到大
約五歲左右。一個孩子開始呀呀學語時的印象往往具有
特別的意味。兩歲和四歲之間這一時期似乎最為重要。
我們還沒有把握確定這個敏感的階段是在出生之後多久
開始的。（2）一般地說，這些體驗完全被遺忘了，它們
不被記憶所接受，應屬於嬰兒期記憶缺失階段，這一階
段通常會被少數不同的記憶痕跡所打斷，這些痕跡就是
所謂的「掩蔽性記憶」⓫。（3）它們和性以及攻擊性本
質的印象有關，無疑也和對自我的早期傷害（自戀的傷
害）有關。在這一方面，應該注意，這樣小的孩子還不
能像他們後來所做的那樣明顯地區分性活動和攻擊性活
動（參見在虐待意義上對性活動的誤解⓬）。當然，這種
性因素佔據主導地位是很令人吃驚的，建構理論時必須

將之考慮在內。

這三個要點——這些經驗的最早期（在人生的最初五年中）表現，這些經驗被遺忘的這個事實以及它們性慾的和攻擊性的內容——是緊密相連的。這些創傷或者是患者自己的親身體驗，或者是知覺，大部分是對耳聞或目睹事情的知覺——也就是說，是體驗或是印象。這三個要點之間的相互聯繫是靠一種理論建立起來的，該理論是分析工作的產物，而分析工作本身就能使人了解那些被遺忘的經驗，或者更生動地但也許不那麼確切地說，把這些經驗帶回到記憶中。與流行的觀點相反，該理論認為，人類的性生活（或以後與它相對應的事物）顯示出在早期有一段全盛期，這一全盛期大約在五歲時結束，緊跟其後的是所謂的潛伏期（一直到青春期），在此期間性慾沒有進一步的發展，已經獲得的東西反倒確實經歷了一次逆行。這一理論已經得到了關於內部生殖器發育的解剖學研究成果的證實；它引導我們設想人類是從五歲便達到了性成熟的某個動物種演變而來的；而且它還引起人們猜疑，人類性生活的推遲及其二相攻擊效果（即表現為兩次高潮）與成為人類的過程密切相關。看起來人類是唯一具有潛伏期和這種性推遲的動物。關於靈長類動物的研究（據我所知，這種研究尚未進行過），對於檢驗這種理論是必不可少的。嬰兒期記憶

缺失階段與這早期的性慾萌發階段的一致性，在心理學上絕不是一件無關緊要的事。或許這種事態為發生神經症的可能性提供了真實的決定因素，似乎神經症是人類的一種特權。從這種觀點來看，就像我們身體解剖的某些部分一樣，神經症是原始時代的一種遺跡——一種存活下來的殘存物。

2. 關於神經症現象的共同特點或獨特之處，有兩個要點必須強調：（1）創傷的作用有兩種，積極的和消極的。前者是想使創傷再次發揮作用——也就是要記住被遺忘的經驗，或者更確切地說是使它變成現實，重新體驗一次；或者，即使它只是一種早期的情感關係，在與另一個人的類比關係中也要使它復活過來。我們把這些努力統稱為對創傷的「固著」和一種「強迫性重複」。這些努力可以被合併到所謂的正常自我中，做為其中的一些持久傾向，它們可以賦予自我不可改變的性格特徵，儘管——或更精確地說——是因為它們的真實基礎和歷史根源被遺忘了。因此，一個男人在他的童年時代過度地依附母親，而現在已把這種依附關係遺忘，那麼這個男人可能花費畢生的時間尋找一個可以使自己有所依賴的妻子，這樣他就可以努力得到妻子的供養和支持。一個在其童年早期被誘姦過的少女可能會以經常地引起人們對她類似的攻擊來指導其以後的性生活。因此可以看

到，從關於神經症問題的這些發現中，我們可以深刻地理解性格形成的一般過程。

創傷的消極反應則遵循著相反的目標：被遺忘的創傷中什麼東西都不會被憶起，任何事件也不會重複。我們可以把它們統稱為「防禦性反應」。它們的主要表現方式就是所謂的「迴避」，這些反應可能會加強成為「抑制」和「恐怖症」。這些消極的反應也會對性格的形成產生極大的影響。確切地說，和它們的對立面一樣，創傷的消極作用也是對創傷的固著，只不過它們是有著相反目的的固著。神經症症狀就是一些妥協，其中由創傷引發的這兩種傾向結合在一起。這樣，時而這種傾向，時而另一種傾向輪流表現出它們的支配作用。這兩種反應之間的這種對立作用往往會引起矛盾衝突，而事件最終無法解決。（2）所有這些現象、症狀、對自我的限制和穩定的性格變化都有一種**強迫性**的性質，也就是說，它們具有很大的精神強度，同時它們對其他心理過程的組織表現出一種深遠的獨立性，而其他心理過程已經適應了外部現實世界的要求，並遵從邏輯思維的規律。這些病理現象並不足以或一點也不受外部現實的影響，並不注意它或它在精神方面的代表，這樣它們可以輕而易舉地與這兩個方面形成積極的對抗。你可以說，它們是一個國中之國，一個令人難以接近的團體。與它們合作是不可

能的，但它們可以成功地克制住所謂正常的方面，並強
迫它為自己服務。如果這種情況發生了，就意味著內部
精神現實取得了對外部世界現實的統治權，通往精神病
的道路便打通了❸。即使事情並未發展到如此地步，這
種情境的實際重要性也是不可低估的。對那些受神經症
支配的人們的生活的抑制，以及他們在生活方面的低能
便構成了人類社會中一個非常重要的因素，我們可以在
他們的狀況中識別出他們對過去某一早期階段進行固著
的直接表達。

　　現在我們不妨來探討一下潛伏期，從類比的觀點來
看，潛伏期必定是一個令我們特別感興趣的問題。童年
期的某一創傷可能會立即引發神經症，即一種童年期神
經症，同時伴隨著大量防禦性努力和症狀的形成。這種
神經症可能會持續相當長的時間，並引起明顯的紊亂，
但是它也可能經歷一段潛伏的過程而被人們忽視。一般
來說，防禦在其中佔了上風，和傷疤相比，無論自我怎
樣變化，它總是要保留下來的。童年期神經症毫無阻礙
地繼續進入成年期神經症，這種情況極少發生。更經常
發生的是，它成功地經歷了一段顯然不受干擾的發展時
期——這是一段由於生理潛伏期的干預所支持或使之成
為可能的發展過程。直到後來才發生了變化，伴隨著這
種變化，已經確定下來的神經症才明顯地表現為創傷被

推遲了的結果。這發生在進入青春期或青春期稍後。在前一種情況下，神經症之所以發生，是由於生理成熟而被加強了的本能，現在能夠重新進行最初曾被防禦作用所打敗了的那場鬥爭。在後一種情況下，神經症之所以發生，是由於防禦所帶來的自我反應和變化被證明是對付新的生活任務的一種障礙。這樣一來，劇烈的衝突便在真正的外部世界和自我的要求之間發生了，自我則尋求保存它費盡千辛萬苦才在防禦鬥爭中獲得的組織作用。在對創傷的第一次反應和以後疾病的發作之間的神經症潛伏期現象，必須被看做是典型的。後來發生的這種疾病也可以被看做是一種想要治癒的努力，看做是力圖再次與被創傷的影響所擊碎的自我的其餘部分和解，並把它們結合成為一個與外部世界相對立的強大整體。然而，除非分析工作對它提供幫助，這種努力卻很少成功，即使這樣也並非總能成功；它經常是以自我的完全破壞和分崩離析而告終，或者最終被早期分裂出去並且現在仍受創傷支配的那一部分所壓倒。

為了說服讀者，我們有必要對眾多神經症患者的生活史做些詳細報導。但是，有鑑於這一主題非常混亂和困難，因此，這樣做就會完全毀掉這本著作的特色，本書就會變成一種關於神經症理論的專著，而且即便如此，很可能只對少數把研究和實踐精神分析選定為畢生

事業的讀者有影響。既然我在這裏是和更多的讀者講話，我只能請求讀者們暫時信任我以上所做的簡略說明；而且在我這一方面，我必須承認，只有當這些理論的基礎被證明是正確時，我才引導讀者去接受該理論的引申之意。

不管怎樣，讓我來嘗試講述一個單一的病例。這一病例能特別清楚地展示我已經提到的那種神經症的特徵。當然，一個病例並不能說明一切情況，而且，如果其主題遠離了我們正尋求類比的那個題目，我們也不必感到失望。

就像在中產階級家庭裏經常發生的情況一樣，一個小男孩在出生最初幾年裏與他的父母同居一室，在他幾乎還未學會講話的年齡，他就經常有機會觀察到他的父母之間的性活動——看到某些事情，聽到的就更多了。在他第一次自發遺精之後立即發作的神經症中，最早期和最麻煩的症狀是睡眠障礙，在夜間他對噪音格外敏感，而且他一旦被驚醒，就再也無法入睡。這種睡眠障礙其實是一種折衷症狀。一方面，這是他抵抗他在夜間所經歷過的事情的一種防禦表現；而另一方面，是力圖重建那種覺醒狀態，以便在這種狀態中傾聽那些經歷。

由於這些觀察，這個孩子產生了一種早熟的、有男子氣概的攻擊性，他開始用手撫弄他的小生殖器，使之

興奮起來，還多次試圖對他的母親進行性攻擊，以便使自己與父親認同，把自己放到了父親的位置上。這種情況一直持續到他的母親終於禁止他玩弄生殖器，而且還嚇唬他說她要告訴他的父親，而他的父親將摘掉這個邪惡的器官以示懲罰。這種閹割的威脅對這個小男孩產生了一種異常強大的創傷性影響。他放棄了性活動，並且改變了性格。他不再使自己與父親認同，而是害怕他，對他採取一種消極的態度，並且透過偶爾的淘氣，惹他實施肉體的懲罰；對他來說，這樣做有一種性的意義，這樣做他就能夠使自己和他那受虐待的母親認同。他愈來愈依戀他的母親，彷彿一刻沒有她的愛便活不下去似的，因為他在母親的愛中看到了一種保護作用，以抵禦其父親以閹割相威脅。在這種經過改變的伊底帕斯情結中，這個小男孩度過了他的潛伏期，他沒有受到任何明顯的障礙，他成了一個好孩子，而且在學校裏也相當成功。

迄今為止，我們已經追溯了創傷的直接作用，而且證實了潛伏期這個事實。

伴隨著青春期的到來，產生了明顯的神經症，並且表現出第二種主要症狀——性無能。他已經喪失了陰莖的敏感性，不想再觸摸它，也不敢為了性目的而去接近女性。他的性活動僅限於精神性手淫，伴隨著施虐狂一

受虐狂的幻想，在這種幻想中不難識別出他早期所觀察到他的父母性交的後果。隨著青春期所帶來的這種被加強了的男子氣概被用做對父親的強烈仇恨和反抗。父子關係發展到了極端，以至於他不在乎陷入自毀的深淵；這種關係也是他在生活中失敗以及與外界發生衝突的原因。他必須在職業上失敗，因為是他的父親強迫他接受了這一職業。而且他不交任何朋友，也從未和上司保持過良好關係。

在這些症狀和無能的負擔之下，在他的父親去世之後，他終於娶了一個妻子。這時，在他身上出現了一些性格特質，彷彿這些性格特質就是其存在的核心，這使他與周圍的人建立關係成為一項艱鉅的任務。他形成了一種完全自我中心、專橫而野蠻的人格，這種人格使他清楚地感到有必要壓制和侮辱其他人。這是對他父親的一種忠實的拷貝，因為在他的記憶中已經形成了父親的形象，也就是說，重新復甦了對其父親的認同作用，這種認同作用在他過去還是小孩子的時候就出於性的動機而表現出來。在本故事的這一部分，我們認識到了被壓抑的事物的回歸（在創傷的直接後果和潛伏期現象的討論中），我們已經把這種回歸描述為神經症的基本特徵。

四　應用

　　早期創傷—防禦作用—潛伏期—神經症發作—被壓抑事物的回歸。這就是我們為神經症的發展所列出的公式。現在請讀者進一步設想，在人類的生活中曾出現過某件事，它和個體生活中所發生的事情類似。也就是說，假設這裏發生了一些具有性攻擊性質的事件，這些事件產生了持久的後果和影響，但是絕大部分被避開了，而且被遺忘了，經過一段漫長的潛伏期之後，這些事情又重新發生作用，並且在其結構和目的上產生了類似於神經症症狀的現象。

　　我相信我們能夠猜測到這些事件，而且我想要說明，宗教現象就是它們與神經症症狀相類似的結果。由於進化論觀點的出現，人們不再懷疑人類有一段史前時期，而且由於這是人們所不知道的——也就是被遺忘了，這種結論幾乎具有一種通則中的重大意義。當我們學習到在這兩種情況下這些有效的而且被遺忘的創傷與人類家庭的生活相關時，我們可以同意這是一個非常受歡迎、未曾預料到的額外收穫。我們的討論到目前為止對此尚未涉及。

　　早在四分之一世紀之前，我在《圖騰與塔布》一書

中就提出了這些主張，在這裏我只需重複一下那些話。
我的構想起源於達爾文的一段聲明，並且採納了阿特金
森（Atkinson）的一個假設。這些觀點認為，在原始時
代，原始人過著小型遊牧部落的生活❶，每一個部落都
有一個強有力的男性統治者。我無法確定這段時期的具
體日期，它也不和我們所知道的地理時代同步，很有可
能這些人種在語言方面還沒有很大的進展。這個故事是
以相當精煉的形式講述的，彷彿它只在某一特定場景下
發生過，而事實上它涵蓋了數千年的時間，在這漫長的
時期中又重複過無數次。那個強壯的男子是整個部落的
首領和父親，而且他有無限的權力，他粗暴地行使這些
權力。所有的女人都是他的財產——包括他自己部落中
的妻子和女兒們，或許還有一些從其他部落搶來的女
人。他的兒子們的命運十分艱難：如果他們引起了父親
的妒嫉，就會被殺掉，或者被閹割，或者被驅趕出去。
他們唯一的辦法是以小團體的形式聚集在一起，透過搶
奪而得到自己的妻子，而且當他們之中的某個人能在這
方面成功時，他們便使自己抬高到與原始部落中的父親
相類似的地位。由於自然的原因，最小的兒子例外地佔
據了有利地位。他們受到母愛的保護，並且能夠利用父
親年事日高的形勢，在他死後取而代之。我們似乎發
現，在許多傳奇和童話故事中都有驅逐長子和寵愛幼子

的跡象。

對於改變這種「社會」組織的第一個決定性的步驟如下：那些生活在一個團體中的被驅逐的弟兄們，聯合起來推翻了他們的父親，並且按照那個時代的風俗，把他生吞活剝地吃掉了。我們沒有必要迴避這種同類相贏的現象；它持續到很晚的時代。但是，基本的觀點是，我們把同樣的情感態度運用於原始人身上，透過分析研究他們，我們就在當代的原始人中——在我們的孩子們身上——確立起這一觀念。就是說，我們假設他們不僅痛恨和害怕他們的父親，而且把他當做一個尊崇的榜樣；他們每個人實際上都想取代他的位置。如果是這樣的話，我們就可以把同類相贏的行為理解為企圖透過吃掉父親的一塊肉來確保與他認同。

我們必須設想，在殺死父親之後，又過了一段相當長的時間，在此期間，弟兄們相互爭奪父親的繼承權，他們每個人都想獨佔這一權力。他們認識到進行這些鬥爭既危險又毫無用處，他們回想起曾在一起進行的爭取解放的活動，以及在他們被放逐期間所產生的相互之間的情感聯繫，這使他們最終達成了一致，形成了一種社會契約。伴隨著本能放棄❺的第一種社會組織形式便應運而生，它承認相互之間的義務，引進了明確的規章制度，宣稱這是（神聖）不可侵犯的——也就是說，宣告

了道德和正義的開端。每一個人都放棄了他想要獲得其父親地位和佔有他的母親及姊妹的想法。這樣便產生了亂倫禁忌和族內婚禁忌。由於除掉父親而解放出來的相當一大部分絕對權力便移交給了女人們；母系氏族制時代便開始了。在這個「兄弟聯盟」的時代，仍然保持著對父親的回憶。一個強大的動物——最初或許也是一種總是令人恐懼的動物——便被選做父親的替代物。這種選擇可能看起來很奇怪，但是，人們後來在人類自己和動物之間所建立的鴻溝，在原始人那裏並不存在；對我們的孩子們來說也不存在，我們已經能夠把他們對動物的恐懼理解為對父親的恐懼。關於圖騰動物，仍然完全保持著對父親的情感關係方面最初的二分法，一方面，圖騰被視為氏族的具有血肉之軀的祖先和保護神，它必須受到崇拜和保護；而另一方面，人們舉行節日慶典，為它準備了原始的父親所遭遇的相同命運，它被宰殺，並且被全部落的人共同分食（根據羅伯遜·史密斯 Robertson Smith 的觀點，這就是圖騰宴）。這個偉大的節日實際上是對兒子們聯合起來戰勝父親的慶祝。

在這一點上，宗教的地位又是如何呢？我認為，我們完全有理由這樣來看待圖騰制度——連同它是對父親替代物的崇拜，由圖騰宴所表現出來的矛盾心理，各種紀念性節日和禁律的制定，若有違犯就會被處死——我

是說，我們有理由把圖騰制度視為人類歷史中宗教得以表現的第一種形式，它也進一步證實了圖騰制度從一開始就和社會規則及道德義務有關係。在這裏我們只能對宗教的進一步發展做出最概括性的說明。毫無疑問，它們與人類的發展及人類社會結構的變化是同步進行的。

由圖騰崇拜所引發的第一步是使受到崇拜的存在物人性化。人形諸神的出現取代了動物圖騰的位置，但動物圖騰並沒有消失。神要麼仍然以動物的形式為代表，要麼至少有一張動物的面孔，或者動物圖騰成為這個神寵愛的伙伴，與祂密不可分，或者像傳奇所講述的那樣，這個神殺死的恰好就是這種動物，而這個動物圖騰畢竟只是它自己的一個早期階段。在這種進化的某一時期，偉大的母性神出現了。我們難以確定它發生在哪一時期，很可能甚至在男性神以前，而且此後在祂們身旁受到了很長時間的崇拜。與此同時，一場偉大的社會革命發生了，族長制的重建取代了母權制。其實，這些新的父親們從未達到過原始人父親的那種無限權力。他們人數眾多，以比遊牧部落更大的聯盟的形式住在一起。他們必須相互協調一致，並且始終受社會秩序的限制。母性女神很有可能起源於母權制受到削弱的時代，以此做為對輕視母性的補償。男性之神最初是做為偉大母親身旁的兒子出現的，只是後來才清楚地表現出父親這類

人物的特色。這些多神教的男性諸神反映的是族長制時代的狀況。他們人數眾多，相互制約，而且有時還要服從一個地位更高的統帥之神。不管怎樣，下一步就把我們引向我們在這裏所關注的那個題目——回到那個有著無限統治權的單一的父親之神。

我必須承認，在這個歷史的概覽中有一些漏洞，而且在某些方面還不夠確定。但是，如果有人想要宣稱，我們對原始歷史的構想純粹是虛構的，那麼，他就嚴重低估了其中所包含材料的豐富性和顯著價值。關於過去的很大一部分材料，在這裏被聯結成為一個整體，這是經過歷史檢驗的，例如圖騰崇拜和男性聯盟。其他部分也都完全一模一樣地被保存下來。權威人士們經常對古代圖騰宴的意義和內容以如此忠誠的方式在基督教聖餐的儀式中得到重複而驚詫不已，在這種儀式中，信奉者們以象徵的形式分享他們的神的血和肉。大量被遺忘了的原始時代的遺風在民間傳說和神話故事中留存下來，關於對兒童心理生活的分析研究提供了意想不到的豐富材料，彌補了我們對遠古時代知識的缺憾。為了幫助我們理解意義如此重大的父子關係，我們只需提出動物恐怖症即可。兒子竟然害怕被父親吃掉，而且還非常強烈地害怕被閹割，這在我們成年人看來是很奇怪的。在我們的構想中沒有任何事物是捏造的，所有的一切都建立

在堅實的基礎上。

假如我們關於原始歷史的說明可以做為完全有價值的可信的事物來接受，那麼將能在宗教教義和儀式中識別出兩種因素：一種是對古代家族史及其存留物的固著；另一種則是對過去的復甦，經過漫長的間隔，又回復了已被遺忘的一切。正是這後一部分迄今為止一直被人們忽視，因而也未被理解。在這裏，我們至少舉一個令人印象深刻的例子來說明。

下面這個事實特別值得我們強調：從遺忘中得以恢復的每一部分都表現出一種特別的力量，對人民大眾產生著無可比擬的強大影響，並且提出一種不可抗拒的真理性主張，對這種真理進行任何邏輯上的反對都是虛弱無力的——這就是那種所謂「我之所以相信它，正是因為它的荒謬」❶。這個明顯的特徵只有按照精神病患者的妄想模式才能得到理解。我們早已了解，一部分被遺忘了的真理隱藏在妄想的觀念之中，當這種妄想的觀念重新出現時，它必然會受到歪曲和誤解，而依附於這種妄想的強迫性信念產生於這個真理的核心，並把它傳播到包藏它的謬誤的邊緣。我們必須承認，包括宗教的信條在內，像這樣的一種成分是可以稱之為歷史真理的。事實上，這些宗教信條帶有精神病症狀的特徵，只是做為一種群體現象，它們不再因孤立無援而受到詛咒。

如果我們把從動物圖騰到人形之神連同其常相左右的動物伙伴的這一個毫無間斷追溯的發展過程棄之不顧（基督教福音的四位教士，每一位都有自己最寵愛的動物），那麼，宗教史中的任何其他部分都不會像把一神引入猶太教，並且在基督教中繼續發展那樣清晰。如果我們暫時承認，法老的世界帝國是決定一神教觀念產生的原因，我們便會發現，這種觀念從埃及本國的土壤裏生發出來，又被移置到另一個民族中，經過一段漫長的潛伏期之後，被他們做為寶貴財富接受和保存下來。這種觀念本身透過使他們對自己成為上帝的選民而自豪，從而使他們生存下來。正是這個關於他們的原始父親的宗教，與他們獲得獎勵、榮譽以及最終獲得世界統治權的希望密切聯繫著。這後一種充滿願望的幻想早已被猶太民族所拋棄，卻仍然存留在該民族的敵人之中，他們相信有一個「錫安山長者」的陰謀❼。至於從埃及借用來的一神論宗教的獨特性是怎樣影響猶太民族的，它透過拒斥魔法和神祕主義，敦促人們在精神上❽進步，並鼓勵人們升華，而對他們的性格註定要產生持久的影響；由於擁有真理而狂喜，由於被上帝選中的意識所壓倒，這個民族是怎樣對理智的事物給予高度評價，對道德的事物非常協調的？他們那令人傷感的命運及其在現實中的失望是怎樣加強了這些傾向？對這些問題，我們將留

待以後再作討論。現在，我們將沿著另一個方向追隨下去。

重新確立那位原始父親的歷史性權力是向前邁出的一大步，但這並不是最後一步。史前悲劇的其他部分也堅持要得到認可。究竟是什麼促使這一過程運行的，這很不容易辨別。一種日漸增長的罪疚感看起來好像籠罩著猶太民族，或許也籠罩著當時整個文明世界，這是那種被壓抑的材料即將回歸的徵兆。直到最後，這些猶太人中的一個成員，以為政治─宗教的煽動者辯護為由，發現有機會把一種新的宗教──基督教──從猶太教中分離出來。保羅這位來自塔瑟斯（Tarsus）的羅馬猶太人，利用了這種罪疚感，並且正確地把它追溯到其原始根源，他稱之為「原罪」；這是一種反對上帝的罪惡，只能以死來贖罪。死亡便帶著這種原罪降臨人世。事實上，這種應該以死來報效的原罪就是殺害了後來被奉若神明的原始人父親。但是，這種謀殺卻沒有被記載下來，代之而起的是一種贖罪的幻想。由於這個原因，這種幻想才能做為一種救贖的福音而受到歡迎。上帝的一個兒子本來沒有罪，卻透過把自己殺死而自己承擔了所有人的罪惡。他必須是一個兒子，因為被殺害的是個父親。很有可能來自東方和希臘神話的傳說曾對這種贖罪的幻想產生過影響。其中最基本的東西似乎是保羅自己

的貢獻。在最恰當的意義上說，他是一個天生具有宗教傾向的人，過去的黑暗痕跡潛藏在他的心中，隨時準備爆發出來，進入更富有意識的領域。

本來沒有罪的救世主卻犧牲了自己，這顯然是一種有意的歪曲，這使人們難以產生合乎邏輯的理解。一個沒有犯謀殺罪的人，怎麼能透過讓自己被殺死就自行承擔起所有殺人者的罪惡呢？在歷史事實中從來沒有這種自相矛盾的事情。這個「救世主」不可能是其他任何人，而是罪孽最深重的人，是殺死了他們父親的兄弟群的頭目。按照我的判斷，不論有沒有如此重大的反叛和頭目，我們都必須牢記，兄弟群中的每一個成員當然都希望自己單獨去幹這件事，以便為自己創造一個非我莫屬的地位，找到一個替代物，做為他與父親的認同。如果他僅僅置身於兄弟群中，與他們同流合污、不分伯仲，則他不得不放棄這一機會。如果沒有這樣的頭目，那麼，基督就是一個未能實現的虛幻願望的繼承人；如果有一個頭目，那麼，他就是這個頭目的繼承人和他靈魂的再生。但是，我們在這裏描述的情況無論是一種幻想，還是一段被遺忘的現實的回歸，關於一個英雄概念的起源都可以在這裏被找到——這個英雄總是反叛他的父親，並且以某種方式殺死了他❶。這也是戲劇中英雄的「悲劇罪疚」的真正根源，否則便難以做出解釋了。

我們幾乎無須懷疑，古希臘戲劇中的英雄和頌歌代表著同一位反叛的英雄和兄弟群；在中世紀劇院裏重新上演的戲劇表現了耶穌蒙難的故事，這不能說是毫無意義的。

我已經說過，基督聖餐的儀式重複著古老圖騰宴的內容。在這種儀式中，信徒們分享著那位救世主的血和肉；毫無疑問，這只是表現了它的情感意義，表達了對他的崇拜，而不是表現其攻擊性意義。不過，支配著父子關係的那種矛盾心理在宗教革新的最終結局中明顯地表現出來。表面的目的是向那位父親神贖罪，但最終卻把他廢黜並驅趕下台。猶太教曾是一種父親宗教，而基督教則變成了一種兒子宗教。那位古老的上帝，即父親，而基督教則變成了一種兒子宗教。那位古老的上帝，即父親，落在了基督的後面；而基督，即那位兒子，取代了他的地位，就像在原始時代每一個兒子都希望做的那樣。那位把猶太教堅持下去的保羅，最終也毀滅了它。毫無疑問，他的成功是這類事實的第一個實例，他透過救世主的觀念驅除了人性的罪疚感；不過，他的成功還在於他放棄了他的人民是「被上帝選中」的特性及其可見的標誌——割禮。這樣一來，這種新的宗教就可以成為具有普遍性的、接納所有人的宗教。在保羅採取這一步驟時，可能有一個成分在起作用，即他的

革新在猶太人當中遭到排斥，他個人想要予以報復；但是，這一過程恢復了古老的阿頓宗教的一個特徵——當它被傳遞給一個新的民族，即猶太民族時，該宗教所曾經獲得的限制性也被消除了。

和更古老的猶太宗教相比，這種新的宗教在某些方面意味著一種文化上的回歸。正如經常發生的那樣，一些較低層次的新的人群侵入或者被接納時，就會發生這種情況。基督教在心靈這類事情上並未保持猶太教所達到的那個層次。它不再是嚴格的一神教，它從周圍民族中接受了許多象徵性的儀式，它重新確立了偉大的母親女神，而且只是稍加偽飾地為引入多神教的眾多神祇找到了棲身之地，儘管這些神祇只是處在附屬的地位。它畢竟不像阿頓宗教和其後的摩西宗教那樣拒絕那些迷信的、巫術的和神祕的因素滲透進來，在以後兩千年的理智發展過程中，這些因素被證明是一種嚴重的障礙。

基督教的勝利是一次新的勝利，在間隔一千五百年之後，在更廣大的舞台上，阿蒙神教的祭司們戰勝了阿肯那頓之神。而且，在宗教史上——就被壓抑者的回歸而言——基督教是一次進步。而且，從那時起，猶太教在一定程度上成了一種僵死的東西。

一神教觀念是怎樣恰好給猶太人留下如此深刻的印象？他們怎麼能夠如此頑強地保持這種觀念？這是很值

得思考的問題。我認為，要找到答案是有可能的。命運已經把原始時代殺死父親的壯舉也是惡行都賦予猶太人，使他們要在摩西這位傑出的父親般的人物身上重複此事。這類用「行動表現」代替記憶的一個實例，在對神經症患者的精神分析工作中也經常發生。他們應該記住摩西教義所提出的建議，但是，他們的反應卻是不承認他們採取過這種行動；他們只停留在承認這位偉大的父親上，這就阻礙了他們繼續前進的道路，後來保羅就是從這裏開始繼續原始歷史的。殘暴地殺死另一位偉人也就成為保羅創立新宗教的開端，這決不是一件無關緊要的事，也不是巧合。這個人在猶地亞（Judea）有少量的追隨者，他們把他視為上帝的兒子，視為上帝宣告過的彌賽亞（猶太教的復國救主），為摩西所編造的一部分童年時代的故事後來被附會到他身上。然而，事實上，對於他我們所知道的肯定不比有關摩西的情況多——他是否真的就是〈福音書〉裏所描的繪那位偉大導師；或者進一步來說，對於他這個人物所獲得的重要性具有決定作用的他的死亡，是否並不符合事實和實際情況？保羅雖然成了他的使徒，卻對他本人也並不了解。

塞林在追溯摩西的傳說時認識到，摩西是被他的猶太人殺害的（而且奇怪的是，年輕時的歌德在沒有任何證據的情況下也承認了這種觀點），這便成為我們的構想

中必不可少的一部分，成為原始時代被遺忘的事件與其後以一神教形式出現之間的一種重要的聯繫❷。我們似乎可以這樣設想，殺害摩西的悔恨之情為產生彌賽亞這一虛幻願望提供了刺激物，彌賽亞一定會回來拯救他的人民，並履行統治世界的諾言。如果摩西就是這第一個彌賽亞，那麼，基督便成了他的替代者和後繼人，而保羅就能以歷史上的某種正當理由向他的人民呼喚：「看啊，彌賽亞真的來啦。他曾在你們眼前被殺害！」這樣，在基督復活中也有某種歷史真實，因為它是被復活的摩西，而隱藏其後的那位歸來的原始遊牧部落的原始父親現在被轉形為兒子，被安置在父親的位置上。

可憐的猶太人，他們懷著慣常的倔強，繼續否認對父親的謀殺。光陰荏苒，他們為贖罪付出了沉重的代價。他們經常遭到人們的譴責：「是你們殺死了我們的上帝！」而且，如果對這種譴責給予公平的解釋，可以說這種譴責是千真萬確的。如果把它和宗教聯繫起來，人們就會說：「你們絕不會承認是你們殺害了上帝（那個上帝的原始圖像，那位原始父親，及其以後的再生）。」另外，人們還應該宣稱：「確實，我們也幹了同樣的事，但是，我們已經承認了，而且從此以後，我們便解脫了。」反閃米特主義者藉以迫害猶太人後代的這些譴責，並非都能具有類似的正當理由。人們對猶太人

的仇恨如此強烈而持久，產生這樣的現象當然必定不止一種原因。我們能夠發現一系列的依據，有些顯然起源於現實，這無須做任何解釋；而另一些則隱藏得較深，起源於隱密的根源，這類原因有些特殊。在前一類原因中，譴責猶太人是外來者或許是最沒有說服力的，因為在如今被反猶太主義者控制的許多地方，猶太人是人口中歷史最古老的一部分，甚至在這些居民之前就已定居在此了。舉例來說，這種情況可適用於科隆城（Cologne），早在科隆城被日耳曼人佔領之前，猶太人就和羅馬人一起來到這裏了。仇恨猶太人的其他原因則比較強烈，在他們居住的大多數地方，他們是雜處民族的少數民族。由於群體歸屬感的需要，也為了實現群體歸屬感，某一外來少數民族會遭受敵意，受到排斥，數量上的劣勢也使該少數民族招致壓迫。然而，猶太人還有另外兩個特點卻是相當不可原諒的。第一個特點是，他們在某些方面不同於他們的「主人」民族，他們並不是從**根本上不同**，因為他們並不是像他們的敵人所認為的那樣是外來種族的亞洲人，而是大部分由地中海各民族的後裔組成的，是地中海文明的繼承者。但是，常常是在某種無法確定的方面，他們仍然有些不同，特別是不同於北歐各族，而奇怪的是，種族偏執狂對這些微小的差異比對那些重大的差異表現出更為強烈的不寬容態

度。另一個特點具有更大的作用，即他們反抗所有的壓迫，最殘酷的迫害也沒有成功地把他們滅絕，而且恰好相反，他們顯示了在商業化生活中保持住自己的一種能力，而且在他們獲得承認的地方，他們都為每一種形式的文化活動做出了有價值的貢獻。

仇恨猶太人的更深遠動機起源於過去最遙遠的年代；它們在這些民族的潛意識中發揮著作用，而且我覺悟到它們最初是不可置信的。我斗膽斷言，該民族宣稱自己是上帝父親最寵愛的長子，即使在今天，其他民族對這種說法的嫉妒也還沒有消失：好像他們認為自己真理在握似的。另外，猶太人使自己顯得生份的那些風俗，那種割禮的風俗，給人留下了討厭而又離奇的印象。毫無疑問，這種風俗可以解釋為令人想起恐怖的閹割，以及人們樂意忘卻的那些與之相伴隨的原始歲月。最後，做為這一系列原因中最新近的一種動機，我們一定不要忘記，如今擅長仇恨猶太人的那些所有民族只是在以後的歷史時代中才成為基督教徒的，並且常常是在血腥的強迫下被迫接受這一信仰的。人們可能會說，他們都是「勉強受洗的」。在基督教這層薄薄的外表之下，他們仍然保留著其祖先崇拜野蠻的多神教時的東西，他們還沒有忘卻這種強加給他們的新宗教的怨恨。但是，他們把這種怨恨發洩到使他們接受基督教的根源。〈福

音書〉講述了一個發生在猶太人之中，而且事實上只表現猶太人的故事，這個事實使他們更容易產生這種移置作用。他們對猶太人的仇恨歸根結柢是對基督教的仇恨，在德國國家社會主義革命中，兩種一神教之間的這種密切關係在相互敵視中得到如此明顯的表現。對此，我們無須感到驚奇。

五　困難

透過我所說的這些事，或許我已經成功地確立了神經症過程和宗教事件之間的類比，從而表明了宗教事件出人意料的起源。在從個體心理學向群體心理學轉移的過程中，出現了兩個在性質和重要性方面都不同的困難，我們現在必須轉向這兩個困難。

第一個困難是，我們這裏涉及到的只是眾多宗教現象中的一個例子，對任何其他例子並未說明。我必須抱歉地承認，我無法給出更多的例子，我的專業知識不足以完成這項工作。以我有限的知識，我或許可以補充說，穆罕默德宗教的建立在我看來似乎是對猶太教的一種簡化的重複，它的出現模仿了猶太教。確實，穆罕默德這位先知最初看來是想使自己和他的人民完整地接受猶太教。那個偉大的原始父親的再現格外提高了阿拉伯

人的自信心，這種自信心使他們獲得了世界性的巨大成功，但他們的自信心也在成功後消耗殆盡。與耶和華相比，真主安拉更多地表現出對他所選定的人民的感激。但是，這個新宗教發展不久後，內部便停滯了，或許是因為它缺少那種深度，這種深度曾使猶太人殺害了他們的宗教創立者。東方的各種宗教明顯地帶有理性主義特徵，其實質都是祖先崇拜，因此在過去很早的重建階段，它們便止步不前了。在今天的原始民族中，承認一個最高的神就是他們宗教的唯一內容；如果情況確實如此，那麼，我們就只能視之為宗教發展中的一種萎縮症，並且把它和另一個領域中觀察到的、無數的初期神經症病例聯繫起來。我們的知識還不足以告訴我們，為什麼在這種情況下和在另一種情況下一樣，事情都沒有得到進一步的發展。我們只能把這種責任歸咎於這些民族的個人才能、他們的活動方向以及普遍的社會狀況。另外，在分析工作中我們有一個很好的規則，那就是滿足於解釋面前實際發生的事，而不是尋求解釋尚未發生的事。

向群體心理學轉移的第二個困難則重要得多，因為它引起了一個具有基本性質的新問題。這個問題是，在各民族的生活中起作用的傳說是以什麼形式出現的——這個問題不是在個體身上表現出來的，因為在個體身

上，這個問題是由過去潛意識中存在的記憶痕跡來解決的。我們不妨回到我們討論的歷史實例中。我們已經把夸底斯的妥協歸因於從埃及歸來的那些人中流傳下來的強有力的傳說。這種情況已不存在問題。按照我們的理論，這種傳說是以口頭交流的有意識記憶為基礎的，這是當時存活下來的人從僅間隔兩三代的前輩那裏傳承下來的，而這些前輩親自參與或親眼目睹了當時那些事件。但是，難道我們能夠相信在以後的世紀中也會發生同樣的情況嗎？正常地由祖父輩傳給孫子輩的知識中，這種傳說是否仍然有其根據？在早期時代中，人們有可能說清楚保留這種知識並透過口頭把它傳播出去的人究竟是誰，而今天則很難做到這一點。根據塞林的看法，關於摩西被殺的傳說是在祭司們的掌握之中，直到最後在文字中表現出來，正是這種文字表述才使塞林能夠發現此事。但是，這事只能被少數人知道，遠遠不是人人皆知之事。而這樣難道就足以解釋其影響了嗎？難道這少數掌握知識的人在被廣大群眾注意到時，能產生如此持久的力量左右他們的情緒嗎？相反的，看起來在那些不了解情況的群眾中一定曾發生過某種事情，在某些方面它類似於少數人所知道的情況，當事情被洩露出來時，兩者便在中途交合了。

當我們轉向原始時代的類似案例時，我們更難以得

出一個結論。可以肯定地說，在幾千年的歷史過程中，曾經有一個我們知道其特點，也知道其命運的原始父親，但這事實已被遺忘了。我們也不能假定有任何關於它的口頭傳說，儘管在關於摩西的案例中我們可以這麼做。那麼，究竟在什麼意義上我們才能確定一個傳說的來歷？它能以什麼樣的形式呈現出來？

為了使那些不想或不準備探究複雜的心理學本質的讀者更容易理解，我將預先對研究結果做如下交待。在我看來，個體與群體之間在這一點上幾乎是完全一致的。在群體中，也有一種過去的印象，被保存在無意識的記憶痕跡中。

個體的情況似乎夠清楚了。他的早期經驗的記憶痕跡在他心中保留下來，但他是在一種特殊的心理狀態下將其保留的。正如一個人了解被壓抑的情況一樣，我們可以說，個體對此總是有所了解的。在這裏，透過分析，我們已經毫不費勁地形成了關於下列問題的觀念：某些事情是怎樣被遺忘的？它是怎樣過了一段時間又重新出現的？被遺忘的東西並沒有消失，而只是「被壓抑著」；它的記憶痕跡仍會以新鮮的形式存在著，只是被「反精神貫注」孤立起來了。它們無法進入與其他理智過程的對立；它們是無意識的——不可能接近有意識。被壓抑的某些部分也有可能逃脫了（壓抑的）過程，可以

進入記憶，偶爾也會在意識中浮現；但即便如此，它們也是孤立的，像是和其他部分沒有任何關係的外在之物。事情可能是這樣的，但並非必然如此；壓抑也可能是全面的，這就是我們在下面要探討的可能情況。

這種被壓抑的東西保持著向上的強烈欲望，它力圖強行進入意識。只有在以下三種條件下才能達到其目的：（1）如果反精神貫注的力量被病理過程所減弱，這個病理過程壓倒了（心靈的）另一部分，即我們所謂的自我；或者，反精神貫注的力量被該自我中貫注能量的不同分佈所減弱，就像在睡眠狀態中所經常發生的那樣；（2）如果與被壓抑的東西相聯繫的本能成分受到特別的強化（其中最好的例子是青春期經歷的那些過程）；（3）如果在最近經驗中的印象或經驗在任何時候出現時都非常類似於被壓抑的東西，致使它們能夠喚醒它。在後一種情況下，最近的體驗受到被壓抑事物的潛在能量的強化，而被壓抑的東西是在最近的經驗背後並且借助於它的幫助而起作用的。在這三種可能的情況下，迄今一直被壓抑的東西是不能順利而不加改變地進入意識的；它必定總要忍受某些歪曲，這些歪曲可以證明來自反精神貫注的（尚未完全克服的）抵抗的影響，或者證明最近經驗的變化性影響，或者兩者兼具。

一種心理過程是有意識的還是無意識的，兩者的差

異已經用做發現我們的航向的一個標準和手段。被壓抑的東西是無意識的。如果允許我們把這個句子反轉過來——也就是說，如果意識（Cs）和無意識（Ucs）之間的性質上的差異和「屬於自我」與「被壓抑的」之間的區別相一致，那將會使事情發生令人欣慰的簡化。在我們的心理生活中存在著諸如此類的被孤立的無意識事物，這個事實本身就足夠新穎而重要。但實際上的情況更為複雜些。確實，所有被壓抑的事物都是無意識的，但是，並非所有屬於自我的東西都是有意識的。我們注意到，意識具有一種短暫的性質，它和心理過程只有轉瞬即逝的關係。因此，就我們的目的而言，我們必須用「能夠成為有意識的」來取代有意識，並把這種性質稱為「前意識」（Pcs）。然後，我們可以更正確地說，自我主要是前意識的（實際上是有意識的），而自我的某些部分則是無意識的。

這後一種事實的確定向我們表明，迄今為止我們所依賴的這些性質都不足以為我們在昏暗的心理生活探索中指出航向。我們必須引入另一種區分，這種區分不再是性質上的，而是心理地形學的，而且——如果看它具有的特殊價值的話——它同時也是發生學的。我們現在把心理生活區分為（我們把心理生活視為由幾個機構、地區或部門組成的裝置）兩個區域：一個區域我們在嚴

格意義上稱之為自我（Ego）；另一個區域我們命名為本我（Id）。本我是兩者中較古老的；自我則由此發展而來，就像大腦皮層是透過外部世界的影響而形成的一樣。我們所有的原始本能正是在本我中發揮著作用，本我中的所有過程都是無意識地發生的。正如我們已經說過的那樣，自我和前意識的區域是一致的；它包括正常情況下保持無意識的那些部分。本我中諸事件的發展過程及其相互作用是受完全不同的規律支配的，而不是受本我中居主導地位的那些規律支配。事實上，正是這些差異的發現，才使我們得出了新的觀點，並且證實其合理性。

　　被壓抑的東西可被看做是屬於本我，並且附屬於相同的機制；把它從中劃分出來只是出於發生學的考慮。這種分化是在最早期的生活中完成，而自我則是由本我發展而來。當時，本我的一部分內容被納入自我之中，並且被提升到前意識狀態；另一部分則不受這種轉換的影響，做為嚴格意義上的無意識保留在本我之中。但是，在自我的進一步形成過程中，自我中的某些心理印象和過程被一種防禦機制排除出去了；前意識部分的特點從這些現象和過程中撤出，以便它們再次被還原為本我的組成部分。那麼，這就是本我中的「被壓抑的部分」。就這兩個心理區域之間的關係而言，我們因而可以

假設，一方面，本我中的無意識過程被提高到前意識水準並被結合到自我之中；而在另一方面，自我中的前意識材料可能遵循相反的道路，並被驅趕回到本我之中。後來，有一個特殊的區域——即「超我」（Super-ego）——從自我中被分離出來，這個事實尚不在我們目前的研究興趣之中❷。

所有這一切看起來遠非那麼簡單❷。但是，當我們開始接受和熟悉這種關於心理裝置空間的不同尋常觀點時，對這種設想就不會感到特別困難。我將補充一個更進一步的說明，我在這裏提出的心理地形學和大腦解剖學毫無關係，實際上，它只在一個方面涉及到。在這種描繪中令人不滿的東西——我和任何人一樣都清楚地認識到這一點——歸因於我們對心理過程的動力學性質的全然無知。我們告誡自己，把一種意識觀念與另一種意識觀念區別開來，以及把前意識觀念與無意識觀念區別開來的東西，只能是對心理能量的一種改變，或者是心理能量的不同分配。我們談論了精神貫注和過度貫注，然而除此之外，我們對這一主題一無所知，甚至不能提供一個行之有效的工作假設做為出發點。關於意識現象，我們至少可以說，它最初是依附於知覺。所有來源於痛覺、觸覺、聽覺和視覺刺激的感覺都是最容易成為有意識的。思維過程以及在本我中任何與此相類似的事

物本身都是無意識的。透過言語功能這一管道，與視知覺和聽知覺的記憶痕跡聯繫起來，可以進入意識。在缺乏言語功能的動物中，這些狀況一定更簡單些。

做為我們的出發點的早期創傷的印象，或者不能被轉換到前意識中，或者被迅速壓抑驅回到本我的狀態中。在那種情況下，它們的記憶殘餘是無意識的，並且在本我中發揮作用。我們相信，只要這是一個主體親身經歷的問題，那麼，我們就能輕而易舉地探尋出它們進一步的變化過程。但是，當我們意識到，在個體心理生活中可能發揮作用的東西不僅包括他親身經驗過的東西，而且包括他出生時就先天存在的東西，即具有種族發生起源的成分——一種古代的遺產，這時就會產生一種新的複雜性。這種複雜性包括的問題就是，這種遺傳下來的東西存在於什麼之中？它包含哪些東西？如何證明它的存在？

直接而且最肯定的回答是，它存在於某些（天生的）稟性之中，比如所有生物都具有的那些特點；也就是追隨某些發展路線，並以特殊的方式對某些印象和刺激做出反應的能力和傾向。經驗說明既然在這一方面人類個體之間存在著差異，那麼，古代的遺產就一定包括這些差異；它們代表我們所認識到的個體中的**體質**因素。現在，既然所有的人種在其早期時代都有過大體類似的經

驗和事件，因此，他們也以類似的方式對之做出反應；
這樣人們就會提出一種疑問，我們是否不應該把這些反
應連同他們的個體差異全都包括在古代遺產中。這種疑
問應該被棄置一旁；我們關於古代遺產的知識並沒有由
於這種類似的事實而得到擴展。

　　不過，分析研究使我們獲得了一些研究結果，這些
結果發人深省。首先，在語言中普遍存在著象徵主義。
用一個事物象徵性地表現另一個事物——這種情況也同
樣適用於人類的行動——這是我們所有的兒童都很熟悉
的，而且可以說是很自然地產生的。對此我們無法指出
他們是怎樣學會的，不過必須承認，在許多情況下要學
會它是不可能的。這是一個人之初的問題，成年以後便
把這種知識遺忘了。確實，一個成人會在夢中利用同樣
的「象徵」，但是他並不了解它們，除非精神分析家向他
解釋，而即便如此，他也不願意相信這種解釋。如果他
利用了其中記載著這種象徵作用的一種極為常見的語言
符號，那麼，他一定會承認他已經完全忘記了其真實意
義。而且，象徵作用不考慮語言的區別；研究可能會表
明它是無處不在的——這同樣適用於所有的民族。因
此，在這裏我們似乎有一個確定的實例來說明起源於語
言形成時期的古代遺產。但是，人們也可以嘗試做出另
一種解釋。有人可能會說，我們正在探討的是觀念之間

的思想關係——這是在語言的發展歷史中已經確立的關係，現在則是每當在個體身上經歷這種語言的發展時必須重複的連結。這就是理智稟性遺傳的一個例子，它類似於通常本能稟性的遺傳——不過，這種解釋仍然無助於解決我們的問題。

然而，分析研究已經對某些事情做了說明，這些事情的重要性超出了迄今我們做過的所有考慮。當我們研究人們對早期創傷的反應時，我們常常很驚奇地發現，它並非嚴格地限於個體自己親身經歷過的事，而是以某種更適合於種系發生事件的模型和方式有所偏離；而且一般地說，只能用這種影響來解釋。患神經症的兒童對其父母的行為在伊底帕斯情結和閹割情結中有大量的此類反應，這在個體的情況下似乎是不合理的，只有在種系發生學上才能被理解——即透過它們與前輩經驗的聯繫才能被理解。如果把我在這裏所利用的這類資料集中起來，公之於眾，那將是非常有價值的。在我看來，其明顯價值似乎是相當強烈的，使我大膽地邁出一步，並提出這樣一種主張：人類的古代遺產不只包括稟性，而且還包括主題——即前輩們經驗的記憶痕跡。透過這種方式，原始遺產的範圍和重要性就能夠得到重大的擴展。

進一步的思考使我不得不承認，我長期以來就是這

樣做的，彷彿我們祖先的經驗可透過記憶痕跡建立起來，它不依賴於直接的交往，也不依賴於透過樹立榜樣而施加的教育影響。當我們談到在一個民族中有個傳說倖存下來，或者談到一個民族性格的形成時，我心裏想的主要是這種遺傳的傳說，而不是透過交流傳播的那種傳說。或者，至少我沒有在兩者之間做出區分，也沒有清楚地意識到我竟大膽地無視這種區別。目前，生物科學界的態度拒絕承認習得的性格是一代一代地遺傳下來的。我的觀點無疑更加難以立足。不過，我必須非常謙虛地承認，若沒有生物進化中的這個因素，我是難以獲得這些認識的。確實，這兩種情況不盡相同：一種情況是一個難以把握的習得的性格問題；另一種情況是外部事件的記憶痕跡問題—— 可以說是某種有形的、可感知的東西。但是，關於這兩種情況，歸根結柢，我們最好不要顧此失彼。

如果我們設想在古代遺產中有記憶痕跡存活下來，我們便在個體心理學與群體心理學之間的鴻溝上架起了一座橋樑：我們能夠像對待個體神經症患者那樣來對待各個民族。人們可以信以為真：目前我們還沒有更強有力的證據來證明在古代遺產中存在著記憶痕跡——除了分析工作所要求的種系發生的派生物的殘餘現象之外。但這個證據在我們看來似乎相當強有力，足以假定它是

符合事實的。如果情況不是這樣，那麼，無論是在分析中還是在群體心理學中，我們將不可能沿著我們踏上的這條道路再前進一步。因而，這種大膽的設想是不可避免的必然產物。

透過這種假設，我們還成就了其他一些事情。我們正在消除人類早期的傲慢在人類與動物之間所設置的過於寬大的鴻溝。如果要對所謂動物的本能❷做出任何解釋——動物的這些本能使他們的行為表現出從一開始就能在新的生活情境中生活，彷彿這種情境是舊有的、熟悉的情境似的——如果需要對動物的本能生活做出任何解釋，那就只能是，動物把他們物種的經驗帶到了自己的新的生活環境之中——也就是說，牠們保留了對牠們祖先所經驗到的東西的記憶。從根本上說，人類這種動物的處境沒有任何差異。他自己的古代遺產與動物的本能是一致的，儘管在範圍和內容上有所差異。

經過這樣的討論之後，我可以毫不猶豫地宣佈：人類早就（以這種獨特的方式）知道，他們曾經擁有一個原始的父親，而且殺死了他。

現在我們必須回答另外兩個問題。首先，在什麼情況下這種記憶才能進入原始遺產？其次，在什麼情況下它才能活躍起來——也就是說，它才能從本我的無意識狀態進入有意識狀態，儘管是以某種改變了的或歪曲了

的形式？對第一個問題的回答較容易闡明：如果某一事件足夠重要，或者經常得到重複，或者這兩種情況兼具，那麼，這種記憶便可進入古代遺產。在謀殺父親這件事中，這兩個條件都具備了。對於第二個問題可以做這樣的說明：所有的各種影響都可能與此有關，但並非所有的影響都必然為人們所知，根據對某些神經症中所發生的情況的類推，某種自發的發展過程也是可以想像的。然而，肯定具有決定性意義的是，透過最近以來該事件確實發生的重現，喚醒了被遺忘的記憶痕跡。摩西的被殺就是這種重現，後來人們想像的法庭對基督的殺害也是如此：這樣一來，這些事件便做為原因而處在顯著地位。看起來，若沒有這些事件發生，一神教的誕生也是不可能的。下面有位詩人的兩句詩提醒了我們：

> 註定要留芳千古的人，
> 在生活中都必先遭夭折❷。

我將引用一個心理學的證據做為最後的說明。只根據交流和傳播而留傳下來的傳說不可能導致與宗教現象有關的那種強迫性特徵。和任何其他來自外界的訊息一樣，它可以被人們傾聽、判斷，或者置諸腦後；它絕對不可能獲得從邏輯思維的束縛下解脫出來的特權。就像

我們在宗教傳說中驚詫不已地看到，而迄今又無法理解的那樣，在它能夠再現時表現如此強大的威力和效果並使眾人全都被其迷住之前，它必然要經歷被壓抑的命運，要在無意識中徘徊。而且，這種考慮使我們非常傾向於相信，事情確實是以我們已經試圖描述的樣子發生了，或者至少以某種類似的樣子發生過❷❺。

第二部分

一 概要和重述

在沒有做出充分的解釋並表明歉意之前，我無法將本文的下面部分呈送世人面前。除了對某些重要的研究成果和批判性探索進行濃縮，對猶太民族的特殊性格形成的過程和原因作一些補充之外，下面部分幾乎是第一部分忠實的、往往是逐字逐句的重述。我知道像這樣一種提出主題的方式非但不合規範，甚至缺乏藝術效果。坦率地說，我自己對此也並不贊成。但是，為什麼不能避免這種方式呢？對我來說，這個問題的答案不難找到，但卻非常難於承認。我至今還抹除不了內心那種異乎尋常的痕跡，還忘不了開始撰寫本書的那種別緻方式。

實際上，這部書已被寫過兩次。第一次寫於幾年前的維也納。當時，我相信本書無法發表，因此把它放到一旁；但是，它像一個無法擺脫的幽靈糾纏著我，於是我只好妥協，在《意象》雜誌上分別發表了本書的前兩

章，即全書心理分析學的出發點，〈摩西，一個埃及人〉和歷史學論文〈如果摩西是個埃及人〉。其餘的章節，也就是我應用這些發現到一神教起源方面的理論和我對宗教的一般性解釋。這些解釋和發現可能是危險並招致反對的，因此我認為只能擱置起來，直到永遠。之後，在1938 年 3 月，德國的突然入侵迫使我離開了家鄉，同時也使我擺脫了恐懼；我當時唯恐本書的發表會使精神分析學的實踐在奧地利遭到禁止，那時精神分析學的實踐活動在我的遷入地還是被允許的。我一到達英國，內心就充滿了無法抑制的誘惑，想要將原本打算擱置起來的見解公諸於眾。因此，接續已經發表的前兩章，我開始重寫本書的第三章。這自然就需要部分地重新組織材料。然而，在這第二次編寫的過程中，我沒能湊齊全部材料；另一方面，我也無法下定決心完全放棄已經寫好的前兩章，於是只好折衷處理，將第一個版本原封不動地照搬過來，這就是造成本文中前兩章有大量重複之處的原因。

不過，由於我所論及的問題如此新穎而重要，我也許會感到安慰（至於我的論述是否正確以及正確的程度如何，姑且另當別論），如果人們因此被迫再次讀到同一問題的重複論述，我覺得並不能算作運氣不好。有些事情本來應該不止說上一次，而且值得不厭其煩地重複。

然而，人們是否願意對某個題目流連忘返或者反覆研讀，應該取決於他們的自由意志。我們不應該在同一本書中對同一主題天花亂墜地吹上幾次，以此強調某個結論，那樣一來，只會證明作者自己的笨拙，而且活該受到讀者的指責。可悲的是，作者的創造力並不總是追隨他的良好願望：一件作品總是要按它能做的方式生長和演變，它經常對抗作者的願望而保持某種獨立性，甚至發展成與作者意圖背道而馳的東西。

二 以色列的人民

如果我們心裏十分清楚地知道，我們現在遵循的程序是從傳說中選取對我們來說有用的材料，並拒斥那些不適於我們的東西，然後按照其心理學的或然性，將不同片段拼合起來——我們明白，這樣的技術處理並沒有把握一定能使我們獲得真理，人們可能會因此問道：既然如此，究竟為什麼還要進行這種努力呢？為了回答這一問題，我必須列舉出分析工作的結果。如果我們從實質上滿足了通常對歷史及心理學研究提出的苛刻要求，我們就有可能澄清那些似乎總是值得注意的問題；藉著某些近期事件，這些問題使我們的研究和觀察具有新的意義。我們知道，在古代地中海盆地居住的所有民族

中，猶太民族幾乎是唯一名存而且實存的民族，懷著前所未有的抗拒力量，它遭遇著不幸和虐待；它發展出了獨特的性格特徵，卻不巧引起了所有其他民族的刻骨仇視。我們希望更透徹地了解，猶太民族的這種抗拒力從何而來？他們的性格是怎樣與其歷史命運相聯繫的？

我們可以從猶太人的一個性格特徵出發來探討上述問題，這個特徵左右著他們和其他民族的關係。毫無疑問，猶太人自視很高，他們認為自己更高貴，屬於更高層次，並且比其他民族優越——他們的許多風俗也使他們與其他民族大不相同❷❻。同時，一種對生活的特殊信仰使他們生氣勃勃，這種特殊信仰源自於他們的一種隱密而珍貴的天賦，它是一種樂觀主義，篤信宗教的人把它稱之為上帝的信仰。

我們了解他們這種行為的原因，也知道他們的珍貴財富是什麼。他們真正把自己當成上帝的選民；他們堅信自己離上帝特別近，這使他們感到既自豪又自信。依據可信的資料記載，他們的行為方式從古希臘時期到現在均未改變，因此，那時的猶太人的性格與現在的相同；而當時的希臘人（猶太人居住在他們當中，並和他們一道成長）對待猶太人的方式，與今天自認為是猶太人的「主人」的那些人相比，也沒有什麼區別。從他們對待猶太人的方式來看，人們也許會認為，就連他們也

相信猶太人自己聲稱的一切。當某個使人害怕的父親指明了誰是他的寵兒時，對於發現其他兄弟姊妹的嫉妒心，人們不必感到驚訝。在猶太人關於約瑟和他兄弟們的傳說中，就清楚地說明了這種嫉妒會導致什麼結果。世界歷史在那以後的過程似乎證明了猶太人的傲慢有其道理；因為，當上帝後來欣然送給人類彌賽亞這一救世主時，他又是在猶太人中被選派的。其他民族那時可能確有理由自己對自己說：「他們的確說得沒錯，他們是上帝的選民。」可是，耶穌基督拯救世人，並沒有給猶太人帶來任何東西，只換來了其他民族那種更強烈的仇恨；猶太人雖然又一次被證明了是上帝的寵兒，卻沒有獲得任何好處，因為他們沒有認出基督這個救世主。

基於前面的探討，我們現在也許可以斷言，正是摩西為猶太民族打下了特殊的烙印——這一點無論何時都非常重要。他確定了猶太人是上帝的選民，從而增強了他們的自信心；他宣告他們是神聖的，並且讓他們肩負了與其他民族隔離的責任。這並不是其他民族缺乏自信。在那時，就像在現在一樣，每個民族都認為自己優於其他民族，然而，猶太人的自信心卻由於摩西的影響而在宗教中固著下來，成了他們的宗教信仰的一部分。由於他們與他們上帝的關係特別密切，因此上帝的莊嚴神聖也就有他們的一份。既然我們知道，在上帝將猶太

人選為子民並將他們從埃及拯救出來的這些壯舉背後站著的是摩西，表面上看來摩西接受了上帝的命令，而他確確實實達到了目的。因此我要冒昧地說，締造猶太民族的人就是摩西這個人。猶太民族由於他而擁有不屈不撓的生活態度；在很大程度上，也是由於他而招致他們曾經遭受、現在還仍然經歷著的敵視。

三　偉大的人

單槍匹馬的一個人怎麼可能發揮出如此異乎尋常的作用，把眾多不同的個人和家庭凝集為一個民族？他怎麼可能在這個民族身上鑄成明確的性格，並決定它千百年來的命運？這種假設會不會是一種退化，使我們的思維方式退化到產生創世神話和英雄崇拜的時代中，退化到所有的歷史記載只記述君主和征服者創立豐功偉業的時代中？現代歷史學更傾向於把人類歷史事件追溯到那些更隱蔽、更普遍和更非人為的因素，即經濟條件的強迫性影響、飲食習慣的變化、資源和工具運用方面的進步、人口增長以及氣候的改變引起的人口遷移等等。在這些因素中，個人所起的作用只不過是大眾傾向的解釋者和代言人的作用。大眾的傾向必須要表達出來，而它總是透過偶然的機會由某些人表達出來。

這是一些很完美、很合理的觀點和方法，而它們卻使我們注意到在我們的思維態度和我們正在努力了解、把握世界的實際狀況之間存在著嚴重的差異。如果每個事件都有一個可論證的原因，就有必要讓我們弄清它們之間的因果關係（確切地說，這是絕對必要的）❷。實際上，在我們身外的現實情況很難如此；與此相反，每一事件似乎都是早已確定的，都表現出是由幾種原因共同作用的結果。在這種極其複雜的因素的威懾下，我們的研究往往以這些事件中的某一環節來反對另一環節，並建立起一些本來並不存在的對立，這些對立只不過是從一些更為全面的關係中割裂開來的❷。因此，如果對某種特殊情況的研究證明了某個人的突出影響，我們用不著覺得良心不安，我們接受這種結論並不意味著在正統觀念面前排斥那些普遍的、非人為因素的重要性。事實上，這兩方面都應該兼顧。當然，在一神教起源這一案例中，除了那些外部因素之外，我們只能強調那些已經闡明的因素，也就是說，這種宗教的發展與不同民族之間建立的更緊密的關係有關，與一個偉大帝國的崛起有關。

因此，我們將在因果鏈（或者毋寧說是因果網路）中為「偉大人物」保留一個位置。但是，弄清楚在什麼情況下我們給人「偉大」這個光榮稱號也許並非毫無用

處。我們可能會驚奇地發現，要回答這個問題並非易
事。第一個公式可以把偉大人物定義為「一個特別擁有
我們高度珍視的品質的人」。很顯然，這個公式無論在哪
方面都並不適宜。例如美貌和肌肉的力量，它們雖然很
容易招人嫉妒，但並不能被稱之為「偉大」。「偉大」可
能存在一些精神的素質——心理和智力的特徵。在這些
方面，我們要堅持以下考慮：我們絕不能僅僅因為一個
人在某專業領域具有傑出才能就稱其為偉人。我們當然
不會把一位象棋大師或某種樂器的演奏家稱為偉人；也
沒有必要把一位尊貴的藝術家或科學家勉強稱為偉人。
在這種情況下，我們應該自然而然地說他是個偉大的詩
人、畫家、數學家或物理學家，或者說是這個或那個領
域的先鋒派人物，但我們在稱一個人為「偉人」之前，
需要三思而行。例如，當我們毫不猶豫地宣稱歌德、達
文西和貝多芬是偉人時，除了他們瑰麗的作品引起我們
的崇拜之外，必定還有些其他事情感動我們。如果我們
不恰如其分地舉出這些例子，人們很可能會認為「偉人」
的桂冠是專為那種行動家——征服者、將軍和統治者
——預備的，是對他們所具備的力量和所取得的成就的
承認。然而，這同樣不能令人滿意，而且也與我們對許
多無恥之徒的譴責完全矛盾，因為那些人也無可否認地
對他們當時以及之後的時代產生過重大的影響。同樣

的，我們也不能把成功做為區別偉人與否的標誌，尤其當我們想到大量被不幸所困擾、沒有取得成就便離開了人世的那些偉大人物時。

因此，就目前而言，我們傾向於做出這種結論，即為「偉人」這個概念尋找一種不模稜兩可的定義是不值得的。這個概念似乎只是一個使用不嚴格的術語，並且略帶任意地表示對超越某些人類發展水準的品質予以承認，這有點類似於「偉大」一詞的原始字面意義。我們一定還記得，我們感興趣的並不是偉人們偉大的本性，而是他們藉以影響其同伴的手段。不過，既然這種探討有導致我們遠離所要討論的目標的危險，我們將盡可能長話短說。

因此，我們理所當然地認為，一個偉人往往以兩種方式影響他的同胞：即以他的人格和他所提出的觀念。觀念可能強調的是群眾所渴望的某種古代人形象，或者可能是為他們指出一個眾望所歸的新目標，或者也可能以其他方式誘惑群眾。有時——這無疑是一種更主要的情況——人格本身在起作用，而觀念起的作用則微乎其微。至於一個偉人何以變得如此重要，我們現在並非一無所知。我們知道，整個人類都對權威有一種強烈的需要，這個權威往往受到人們的推崇，人們在他面前卑躬屈膝，甘受他的統治，或許還會受他的虐待。我們已從

個體心理學中了解到這種群眾需要的根源是什麼。這是每個人從童年開始就感覺到的對父親的渴望，是對傳說中的英雄所鼓吹的他已戰勝了的那位父親的渴望。現在我們才開始逐漸明白，我們賦予偉人的一切特徵都是父親的特徵，而我們曾經徒勞地尋求的偉人的實質則在於這種一致性。思想的果斷性、意志的力量、行動的能力都是父親形象的一部分——但首要的是這位偉人的自主性和獨立性，是他那種可能發展成為殘酷無情的神聖冷漠。人們必須崇拜他，人們可以信任他，但不可避免地也會害怕他。我們從下面這句話本身就應該認識到這一點：「除了父親之外，誰還能是兒童心目中的『偉人』呢？」㉙

毫無疑問，必定是父親的偉大原型屈尊降駕在摩西這個人身上，來告訴貧苦的猶太人他們是他親愛的孩子。一個唯一的、不朽的、全知全能的上帝的觀念一定會對他們產生絕對壓倒性的影響，對祂來說，讓祂與他們訂立一個契約並不會過於卑劣；祂曾允諾，倘若他們忠實地崇拜祂、跟隨祂，祂就關懷他們。對他們來說，要把摩西這個人的形象和他的上帝形象區分開來可能並非易事；在這一點上，他們的感覺是正確的，因為摩西可能會把他自己的人格特徵糅合到上帝的性格中去——例如他的暴躁脾性和他的冷酷無情。倘若有一天他們果

真殺害了他們的偉人，那麼，他們無非是重犯了一種罪行——按照法律規定，這種罪行在古代是對神聖帝王的觸犯和反抗；而且，如我們現在所知，這種罪行是一種回復到更古老原型的罪行❸。

一方面，我們發現這個偉大人物就是這樣發展到神性的；而另一方面，我們一定要記住，父親也曾經是一個孩子。在我們看來，摩西所宣揚的偉大的宗教觀點並不是他自己的財產，他是從阿肯那頓國王那裏借用過來的。而且，做為宗教創立者的阿肯那頓的偉大之處已得到明確的證明，或許他一直在遵循著暗示，這些暗示是透過他的母親的媒介❸，或透過其他途徑——從近東和遠東各地——傳遞給他的。

我們無法再沿著這些事件的線索繼續追尋下去了，但是，如果我們正確地認識到這些最初的步驟的價值，那麼，一神教的觀念就會像回飛棒一樣又回到了它的出發點。這樣看來，如果要把這種榮譽歸於一位與新觀念有關的人，似乎不會有什麼結果。顯而易見，許多人都參與了它的發展，並對它做出了貢獻。再者，在摩西這裏中斷這條因果線索，而且無視那些發展了他的觀點的後繼者們，即猶太人先知的影響，這顯然是不公平的。一神教的種子在埃及沒有成熟。如果以色列人放棄了沉重而嚴格的宗教，同樣的事情也會在他們當中發生。但

是，猶太人中一再出現這樣一些人，他們復興了漸趨衰微的傳說，更新了摩西提出的訓戒和要求，他們不屈不撓、鍥而不捨，直到把失去的一切重新建立起來。經歷了幾百年的不斷努力，終於經過兩次偉大的改革（一次發生在巴比倫的流亡之前，另一次在其後），完成了從普世之神耶和華成為上帝的轉變，摩西強迫猶太人崇拜的就是這個上帝。在已經成為猶太民族的人民群眾中表現出來的一種獨特心理傾向，其存在可由這個事實來證明：他們能夠造就如此眾多的個體，準備承擔起摩西宗教的重擔，以做為對成為上帝的特選子民的報償，或做為其他類似程度的獎勵和報償。

四　精神上的進步

　　要在一個民族中取得持久的心理效果，僅擔保他們是神的特選子民顯然是不夠的。若要使他們相信它，並從這種信念中得出結論，也必須以某種方式向他們證實這一承諾。在摩西的宗教中，〈出埃及記〉就是這樣一個證據；上帝，或以摩西命名的上帝，一直不厭其煩地以此做為祂寵愛猶太人的證明。為了保持對該事件的回憶，他們開始過「逾越節」，或者毋寧說，在一個早已形成的節日中插入了那一回憶的內容。然而，它只不過是

一種回憶：逃出埃及只能屬於朦朧而遙遠的過去。目前，上帝寵愛他們的跡象是極其缺乏的；該民族的歷史表明他們已經在上帝的面前失寵。如果各原始民族的神祇沒有盡到祂們的責任，沒有保證這些民族取得勝利、獲得幸福並過著舒適的生活，那麼，原始民族通常會廢黜他們的神，或者施加懲罰。在每一個時代，國王們所受到的對待和神並沒有什麼區別。這便揭示了一種古代的同一性：即他們是同根同源的。這樣，假如現代人的國王由於被打敗而喪失了王權，並相應地進行割地賠款，那麼，人們照例會把他們的國王趕下台。但是，為什麼以色列民族越是受到他們的上帝的虐待，就越是忠順地依附於祂呢？——這是一個不得不暫時擱置一旁的問題。

這可能鼓勵我們去探究，這個民族除了由於意識到自己是上帝的特選子民，因而增強了自信之外，摩西的宗教是否並未給他們帶來別的任何東西？我們確實可以輕易地發現另一個因素。這個宗教也為猶太人帶來了關於上帝的更為崇高的觀念。凡相信這個上帝的人，都能分享祂的偉大，也就是說，他們都感到自己變得榮耀起來了。對於一個不信教的人來說，這並非完全不言而喻；但是，如果我們描繪出一個身在異國的英國人，由於這個國家發生叛亂而顯得很不安全，但他卻感覺到一

種優越感——這種感覺在歐洲大陸的任何小國國民身上是完全沒有的——那麼，我們或許就能使這一點比較容易被理解。因為這個英國人依賴的是這一事實：即如果他的一根頭髮受到傷害，他的政府就會派軍艦前來；而且，叛亂者也十分清楚這一點——而小國卻根本沒有軍艦。由此可見，每一個英國人對大英帝國之偉大所感到的驕傲，所感受到的更大安全性——即受到保護——都有著共同的根源。這可能類似於一個偉大上帝的觀念。而且由於人們不能宣稱幫助上帝來統治世界，因此對上帝的偉大感到的自豪就與被上帝所選中的自豪融匯在一起了。

在摩西宗教的戒律中，有一條戒律比乍看之下具有更為重要的意義，這就是禁止製作上帝肖像的戒律。它意味著強制人們崇拜一個不可見的神。我估計，就其嚴格性而言，摩西超過了阿頓宗教。也許他想與阿頓宗教前後一致：他的上帝不能有名稱，也不能有可見的面容。這條禁令也許是反對濫用巫術的一項新奇的預防措施。然而，如果這條戒律被接受了，它必然會產生一種深遠的影響，因為它代表著感官知覺讓位給某種抽象理念，而且退居次位。這是精神對感覺的勝利，或者更確切地說，是一種伴隨著其心理學上的必然結果的對本能慾望的克制。

　　為了使這些乍看之下並非顯而易見的觀點更為令人信服，我們必須回顧人類文明發展過程中某些具有同類特徵的其他過程。其中最早而且最重要的過程只可能從原始時期的混沌狀態中窺見大致的輪廓，其驚人的結果使我們確信它曾經發生過。在我們的兒童中，在成年的神經症患者中，和在原始人中一樣，我們發現了一種同樣的心理現象，我把它稱之為信奉「思維萬能」。我們認為，這是由於人類高估了自己的心理活動（在此種情況下是其精神的部分）對外部世界施加影響的能力。所有的巫術（它們是科學的前身）基本上都建立在這類前提上：語言的一切魅力都能在這裏找到位置；就像相信念頌某個人的名字就能產生力量的現象也都是由此產生的一樣。我們猜想「思維萬能」表現了人類在創造其語言過程中產生的驕傲，因為這個過程使他的智力功能得到了突飛猛進的發展。一個嶄新的精神活動領域從此展現在他的眼前，與那些只涉及感官直接知覺內容的低級心理活動內容相比，這個領域中的概念、記憶和推論等開始具有決定性的意義。這當然是人類進化過程中最重要的階段之一。

　　我們能更輕而易舉地掌握後期的另一個過程。在那些外部因素的影響下（在此，對這些因素我們無須討論，而且其中有些部分還不完全為人們所了解），母權制

社會秩序被父權制社會秩序所取代——這當然包括以前一直盛行的程序法學領域的一場革命。這場革命的反響在埃斯庫羅斯（Aeschylus）的《奧列斯特》（*Oresteia*）一書中似乎還聽得到❸。但是，這種從母權制向父權制的轉變又一次證明了精神對感覺的勝利——就是說，它是文明的一次進步，因為母性是由感性證據證明的，而父性則是根據一種推論和前提而做出的一種理性假設。以這種方式支持思想過程優於感知覺的觀點，已被證明是一個重大的措施。

在我們曾經提到的那兩個事件之間的某一時期❸，還有另一個事件與我們在宗教史中的研究有著極為密切的關係。人類發現自己被迫普遍承認「精神的」力量——這些力量雖然不能透過感覺（特別是視覺）來掌握，但它們卻能產生不容置疑的而且確實非常強有力的影響。假如我們可以用語言做為證據，那就可以把語言說成是由於精神性原型所提供的空氣運動，因為精神上的靈性是從風的輕微流動中——「阿尼姆斯」（animus）、「靈魂」（spiritus）和希伯來語的「呼吸」（ruach）——獲得這一名稱的。和發現每一人類個體的理性原則一樣，這也導致了心靈（seele，即靈魂）的發現。觀察又一次在人的呼吸中發現了空氣的運動：人一死亡，呼吸便停止；到這一天，一個瀕死的人就會「呼出他的靈魂」。然

而，現在精神世界（Geisterreich）向人敞開著，他做好
了準備，要把在自己身上所發現的靈魂賦予大自然中的
一切事物，使整個世界都是有生命的（beseélt）；很久以
後才出現的科學在重新消除它的一部分靈魂世界方面還
有很多事情要做。確實，即使在今天，它也尚未完成這
一任務。

摩西戒律的禁令把上帝抬高到靈性的高度，而且開
啟了進一步改變有關上帝的觀念的大門，有關這點我以
後還會予以描述。我們目前應先考慮這條禁令的另一種
作用。所有這些靈性進步的後果是增強了個體的自信
心，使他感到自豪──這樣一來，他便感到比那些沉迷
在感官性之中的其他人優越。我們知道，摩西向猶太人
傳達了一種成為特選子民的自豪感；使上帝非物質化，
為他們的祕密財富做出了有卓越價值的新貢獻。猶太人
獲得了他們對精神興趣的傾向。民族的政治災難教會了
他們以其真實的價值來評價他們保留的那宗財產──即
他們的文學。在台塔斯（Titus）毀壞了耶路撒冷聖殿之
後，猶太法學博士喬查南・本・扎凱（Rabbi Jochanan
ben Zakkai）立即請求准許他在雅布內（Jabneh）開辦第
一所學習《聖經・舊約全書》開頭五卷的學校❸❹。從那
時起，基督教《聖經》這部書以及相伴而生的理性關注
就成了把這個分散的民族維繫在一起的精神力量。

上述情況絕大多數是眾所周知和普遍接受的。我所要做的只是補充一點：具有猶太人性質的這種性格特徵的發展是由摩西反對崇拜有形上帝的禁令引起的。

大約兩千多年來，猶太民族的生活中一直重視精神活動。這當然會產生深遠的影響，它有助於制止凶殘和暴力傾向，而在體力的發展成為普遍理想的地方，容易出現這種凶殘和暴力傾向。希臘人在精神活動和身體活動的修養方面達到了和諧一致，而猶太人卻沒有達到。在這二分法中，他們的決定至少有利於更有價值的選擇❸❺。

五　本能的克制

為什麼理智能力的進步，感覺能力的倒退，會提高一個人和一個民族的自信和自尊？這一點現在表現得還不明顯，人們也不能很快理解這一現象。似乎可以預先假定存在著一個明確的價值標準，存在著保持這個價值的標準的另一個人或機構。為解釋起見，我們不妨舉一個我們已經了解的個體心理學的類似案例。

如果一個人的本我提出一個性慾的或攻擊性的本能要求，那麼，最簡單而又最自然的事情是，支配著思維器官和肌肉器官的自我應該用行動來滿足這一要求。自我為本能的這種滿足而感到快樂，正如不滿足它無疑會

成為自我不快樂的根源一樣。現在可能會出現一種情
況，自我是由於某些外部障礙而避免滿足這種本能的需
要——也就是說，當它覺察到這種行動本身會對自我造
成嚴重危險時，它不會配合本能的衝動。放棄這種滿
足，即由於外部障礙而引起對某種本能的克制——或者
如我們所說，為了服從現實原則——在任何情況下都不
是令人愉快的。如果不可能透過能量的移置而減少本能
自身的力量，那麼，本能的克制就會由於不愉快而導致
持久的緊張。不過，本能的克制也可以由其他原因引
起，我們理當稱之為**內在的**原因。在個體發展過程中，
外部世界的一部分力量經過內化，在自我中便形成了一
個機構，這個機構是在觀察、批評和抑制意義上對付自
我的其他部分的。我們把這個新的機構稱為**超我**。從那
時起，在使本我所要求的本能滿足付諸行動之前，自我
不僅要考慮外部世界的危險，而且要考慮到超我的反對
意見，它將有更充足的理由節制本能的滿足。但是，鑑
於本能的克制在出於外部原因時**只能是**不快樂的，在出
於內部原因時則服從於超我，因此，它具有不同的經濟
效果。除了不可避免地產生令人不愉快的後果之外，它
也會使自我產生快樂——這可以說是一種替代的滿足。
自我感到被提高了；它為本能的克制而感到自豪，彷彿
這是一個有價值的成就。我們相信我們能夠理解這種產

生快樂的機制。超我是個體的父母（和教育者）的繼承者和代言人，父母（和教育者）曾在個體生活的最初階段監督過它的活動；它幾乎一成不變地行使著他們的功能。它使自我處於永久的依賴狀態，並且不斷對它施加壓力。就像在童年時期一樣，自我非常擔心失去這位最高主人的愛；它覺得主人的讚許就是解脫和滿足，而主人的譴責會使良心感到痛苦。當自我為超我做出這種犧牲而進行本能克制時，做為報償，它希望因此而獲得它更多的愛。它以獲得這種愛的意識而感到自豪。當這個權威尚未內化為超我時，在失去愛的威脅和本能的要求之間可能存在同樣的關係：當一個人出於對父母的愛而成功地克制住本能的要求時，就會產生一種安全感和滿足感。但是，只有在權威本身已成為自我的一部分之後，這種愉悅感才能具有獨特的引以為自豪的自戀性質。

對來源於本能克制的滿足做出這種解釋，對我們理解我們想要研究的過程——當精神取得進步時自信心提高——有什麼幫助呢？看起來這種解釋沒有多少助益，因為具體情況是截然不同的。任何本能的克制都是不可能的，也沒有為此而做出犧牲的第二個人或機構，我們很快將對這後一種說法表示懷疑。可以說偉人就是權威，成就都是為他取得的；而且，既然偉人本身的作用

在本質上非常類似於父親，因此，如果在群體心理學中他起了超我的作用，我們也無須感到驚奇。同樣的，這種解釋也適用於摩西這個人與猶太民族的關係，然而，在其他方面則無法確立恰當的類比。精神上的進步在於決心反對直接的感知覺，而支持所謂高級的理智過程——即記憶、思維和推理。例如，儘管父權不能像母權那樣用感官證據來確立，父權比母權更為重要，而且確定兒童應該為此而享有父姓並成為他的繼承人。它也可以宣稱，儘管我們的上帝像一陣狂風或像靈魂那樣看不見摸不著，但他卻是最偉大和最全能的。對性要求或攻擊性本能要求的拒斥似乎是與此大不相同的事情。另外，在精神能力取得某些進步的情況下——例如，在父權制取得勝利的情況下——我們無法指出制定所謂更高標準的權威是什麼。在這種情況下，權威不可能是父親，因為他只是被這種進步本身抬高到權威層次的。這樣我們便面對著一種現象：在人類的發展過程中，感覺的威力逐漸被靈性所克服，對於每一次這樣的進步，人類都感到自豪和得意。但是，我們還無法說明為什麼應該是如此。後來我們進一步發現，精神本身的威力又被信仰這種非常令人困惑的感情形象所壓倒。在此我們有一句名言：「正因為它荒謬我才相信它」，而且我們又一次看到在這方面獲得成功的任何人都把它視為最高成

就。或許，所有這類心理情境中共有的因素是某種別的東西。或許，人們乾脆宣佈：愈是難以取得的東西就愈高級，他們的自豪只不過是因為他們意識到克服了某種困難而增強了的自戀。

這些當然不是富有成果的考慮。人們可能會認為，這些和我們所探究的是什麼決定了猶太人的性格這一問題沒有什麼關係。其實這種看法只會對我們有利；然而，以後我們還會發現一個事實，表明這和我們的問題有一定的關係。從反對製作上帝形象的禁令就已經開始的宗教，經過幾個世紀的發展，愈發成為一種本能克制的宗教。這不是指它要求性慾**節制**；它滿足於明顯的性自由限制。然而，上帝卻是完全解除了性慾的，並且被提高到了道德完善的理想境界。不過，道德倫理是對本能的一種限制。先知們從來不厭其煩地宣稱，上帝除了要求他的人民採取一種公正的或有道德的生活方式和行為方式之外，別無所求——也就是說，要放棄所有的按我們今天的道德標準仍然視為邪惡的本能滿足。與這些道德要求的嚴肅性相比，甚至人們信奉上帝的要求似乎也退居第二位了。本能的克制似乎就是以這種方式在宗教中起著突出的作用，儘管在宗教發展的初期它並沒有明顯表現出來。

為了避免誤解，有必要在這裏多說幾句。雖然本能

的克制和在此基礎上建立的倫理觀念似乎並不能構成宗教基本內容的一部分，但是從發生學上來說，它們與宗教內容有著密切的關係。圖騰崇拜，我們所認識到的最早的宗教形式，所包含的宗教內容是宗教體系必不可少的成分。因為，它的許多要求和禁律除了是一種本能的克制之外，別無其他意義：對圖騰的崇拜包括禁止傷害或宰殺代表圖騰的動物，族外婚——也就是克制對本部族中的母親和姊妹的強烈慾望，承認兄弟聯盟中的所有成員都有平等的權力——換言之，限制他們當中發生暴力競爭的傾向。在這些禁律和規範中，我們可以發現道德和社會秩序的端倪。我們發現，有兩種不同的動機在這裏發揮作用。前兩種禁令的作用是在被除掉的父親方面：這兩種禁令遵從他原本就有的意志。第三條禁令——承認聯盟中的兄弟們有平等的權利——則無視父親的意志；有必要永久地保持成功地除掉父親之後所建立的新秩序，這種要求是合理的。否則，早期狀態的復歸就不可避免了。正是在這裏，社會律法才開始與其他律法分離開來，我們可以說，其他律法是直接從宗教的背景下產生出來的。

這一系列事件的基本部分在人類個體的發展中以簡略的形式得到了重複。在這裏，也是父母的權威——主要是專制的父親藉以威脅要懲罰兒子的權威——要求兒

子克制本能衝動，並且決定什麼是被允許的、什麼是被禁止的。後來，當社會和超我取代了父母的位置之後，對兒童而言所謂的「表現好」或「淘氣」便被描述為「好」或「壞」；或者「有道德的」和「邪惡的」。但是，這裏說的仍然總是同一回事——即在權威壓力之下的本能克制，這種權威只不過是對父親的取代和延續。

當我們考察神聖這個值得注意的概念時，我們的這些發現就會更深入一步。和我們高度評價並認為重要的其他事情相比，到底是什麼東西在我們看來似乎是真正「神聖」的呢？一方面，神聖與宗教事務有關係，這是確定無疑的。這種關係一直受到強調：所有宗教的事物都是神聖的，這正是神聖概念的核心內容。另一方面，人們無數次地嘗試把神聖的特徵適用於如此眾多的與宗教毫無關係的其他物——人、制度和功能——我們的判斷往往受到干擾。這些嘗試和努力帶有明顯的傾向性目的。我們不妨從與神聖有如此緊密關係的禁令的特徵開始。神聖的東西顯然是某種不可觸摸的事物。一種神聖的禁令具有非常強烈的情緒色彩，但實際上卻沒有理性基礎。例如，為什麼與女兒或姊妹亂倫竟會是這樣一種特別嚴重的罪行——竟比任何其他性紊亂都嚴重得多呢❸❻？如果我們要求有一種理性基礎，人們當然會說，我們的所有情感都對此深表反對。但是，這只不過意味著，人們

把這條禁令視為不言而喻的，他們並不知道它有任何基礎。

　　我們很容易指出這種解釋的無效性。那種表現為侮辱我們最神聖感情的東西，在古代埃及和其他早期民族的主導家庭中竟然是一種普遍的風俗——我們可稱之為一種變成神聖的習俗。一個法老理所當然地應該把他的妹妹做為他的第一個和主要的妻子；而且法老的後繼者們，希臘的托勒密王公們，也都毫不猶豫地遵循著這種榜樣。更確切地說，我們被迫認識到，亂倫——在這個例子中是哥哥與妹妹之間的亂倫——是一種特權，這種特權是凡人所沒有的，只有做為神的代表的王公們才能享有。同樣的，在希臘和日耳曼的傳奇中，人們並不反對這類亂倫關係。我們可以推測，我們的貴族嚴肅認真地堅持這種古代特權的遺風，而且我們可以確定，由於在最高的社會階層中多少世代的近親繁殖的結果，今天的歐洲實際上是被一個家族的成員或第二個家庭的成員統治著。

　　在神祇們、國王和英雄們當中存在著亂倫關係的證據也有助於我們做出另一種嘗試，這種嘗試尋求從生物學上來解釋對亂倫的恐懼，並將其追溯到對近親繁殖所造成的惡果的一種模糊認識。但是，甚至在今天，我們也還不能確定近親繁殖**會造成**什麼危險後果，更不用說

原始民族能認識到這一點並予以防範了。在確定被允許的和被禁止的親屬關係的程度方面存在著不確定性，這個證據幾乎無助於提出下列假設：即認為「自然感情」是對亂倫恐懼的最終基礎。

我們對史前史的構想迫使我們做出另一種解釋。傾向於族外通婚的法令（對亂倫的恐懼則是其消極的表現）是父親意志的產物，在他被鏟除之後，這種意志卻被延續下來。由此便使它產生了具有情緒色彩的力量，而且不可能為它找到一種理性的依據——這就是它的神聖性。我們有信心地預料，對神聖禁令的所有其他情況的研究會使我們得出和亂倫恐懼相同的結論：就其根源而言，神聖的東西不過是那位原始父親意志的延續。這同樣能說明那些表達神聖概念的詞語不可理解的矛盾性。正是這種矛盾性才普遍支配著與父親的關係。拉丁語 "sacer" 這個詞的意思不僅是指「神聖的」、「神聖不可侵犯的」，同時還指我們只能譯為「聲名狼藉的」、「可惡的」東西。父親的意志不僅是一個人不能觸摸、不得不高度尊崇的東西，也是在其面前令人不寒而慄的東西，因為它要求人們做出痛苦的本能克制。當我們聽說，摩西透過把割禮的風俗介紹給他的人民，從而使他們變得神聖時，我們現在才理解到這一推論的深刻含義。割禮是閹割的象徵性替代物，是那位原始父親為充

分顯示其絕對力量施加給他的兒子們的。無論誰接受那種象徵，誰就以此表明他準備屈從於父親的意志，不管這使他付出了多麼痛苦的代價。

回到倫理觀念上來，我們可以得出結論說，它的一部分禁令之所以從理性上證明是合理的，乃是因為有心要劃清社會對個人的權利、個人對社會的權利以及個體相互之間的權利。但是，那種在我們看來在倫理學上如此浮誇、如此詭譎，而且以某種神祕的方式如此不證自明的東西，都把這些特徵歸因於它和宗教的關係，歸因於父親的意志。

六 在宗教裏什麼東西是真實的

對我們這些缺乏信仰的人來說，那些相信存在著一個最高的上帝的人是多麼令人嫉妒啊！對這個偉大的精靈來說，整個世界是不存在任何疑難問題的，因為所有這一切制度都是由他自己創造的。與我們所能做出的最竭盡全力、最微不足道、最煩瑣細碎的解釋相比，那些信徒們的教義是多麼全面、多麼詳盡而又多麼明確啊！這個神聖的精靈本身就是完善倫理的理想，他向人類傳播了這種理想的知識，同時竭力使人類自己的本性與他相似，人類就能直接感受到什麼是高尚與尊貴，什麼是

低賤與卑劣。無論在任何時候，他們的感情生活都是根據他們與理想的距離來衡量的。當他們趨近於它——也可以說當他們在近日點時，他們便感到很大的滿足；當他們在遠日點，即遠離它時，懲罰便使他們深感不快。所有這一切的確定和到來都是如此簡單明瞭而又不可動搖。我們只能感到遺憾：在這個世界上，某些生活經驗和觀察竟然使我們不能接受存在著最高上帝這樣一個前提。彷彿這個世界上還沒有足夠的謎題似的，我們如今面臨著一個新的問題，即弄清這些人如何獲得他們對神聖上帝的信仰，以及這種信仰是從哪裏獲得其巨大力量，使它能夠壓倒「理性與科學」❸⓻。

讓我們重新回到我們迄今一直探討的這個更樸實的問題上來。我們企圖解釋猶太民族獨特性格的起源，這種性格很可能就是使他們得以生存到今天的東西。我們發現，摩西這個人透過賦予他們一種宗教——這種宗教大大地增強了他們的自信，以至於他們認為自己比所有其他民族都優越，而使他們鑄就了這種性格。此後，他們便與其他民族區分開來而生存下來。血統的混雜很少妨礙這一進程，因為使他們維繫在一起的是一種理想因素，即共同擁有某種理智的和情感的財富。摩西的宗教之所以導致這一結果，是因為：（1）它允許人民分享上帝這一新觀念的偉大；（2）它聲稱猶太民族已被這個偉

大的上帝所選中，並且註定會證明是祂特別寵愛的民族；（3）祂把精神上的進步強加於該民族，為看重精神活動和進一步克制本能開拓了道路，這一點本身就十分重要。

這就是我們所得出的結論。而且，雖然我們不想收回我們所說的一切，但我們也無法隱瞞，這裏多少有一些不怎麼令人滿意的東西，譬如說，原因和結果不怎麼吻合，我們想要解釋的事實和我們用以解釋它的東西似乎不相匹配。或許，我們迄今所做的一切研究尚未揭示出全部動機，而只是發現了一層表面現象，而在它的背後還有另一個非常重要的因素有待發現。鑑於生活中和歷史上一切因果關係的極端複雜性，出現這種結果是可以預料的。

如果接近這個更深層的動機，我們似乎在以前某一個特別之處討論過。摩西宗教的作用並不是一蹴而就、立竿見影的，它顯然是以一種間接的方式產生影響的。因為這是一個鑄就民族性格的問題，這就意味著它並不僅僅沒有馬上起作用，還意味著要發揮它的全部作用需要很長一段時間，比如幾百年。這是一條不證自明的真理。但是，這種局限性與我們從猶太教的歷史中獲得的──或者說，如果你願意的話，與引入猶太教中的──一個事實有關。我們已經說過，經過一段時期之後，猶

太民族又一次放棄了摩西宗教——至於他們是完全放棄
了，還是保留了它的某些戒律，我們不得而知。如果我
們認為，在奪取迦南地的那一段漫長歲月裏，以及與居
住在迦南地的各民族的鬥爭中，耶和華宗教和其他太陽
神崇拜（巴利姆神）基本上沒有區別，那麼，不管後期
的所有意向性努力如何致力於在這些可恥的往事上蒙上
一層面紗，我們仍將立足於歷史的基礎之上。

然而，摩西宗教並未銷聲匿跡。透過古老的記錄方
式，或許在祭司階層的某些個別成員中，保留著對它的
既模糊又有些歪曲的記憶，也有一些對它提供支持的記
憶。而且，正是這一關於輝煌歷史的傳說繼續在背後發
揮著作用，可以說，它慢慢地獲得了對人們的心靈愈來
愈多的影響力，並且最終成功地把耶和華神變成了摩西
神，把已經建立、隨後又早在許多世紀以前被拋棄了的
摩西宗教重新召回到生活中。

在本研究的前部分（第一部分的頁 139-145 ），我們
已經考慮到，如果我們想使這種傳說的成就被人理解，
理當做出什麼樣的假設才好。

七　被壓抑的復歸

心理生活的分析研究教會我們的東西中，有大量十

分相像的過程。有些可被描述為病理過程，另一些則可視為各種各樣的正常事件。但這無關緊要，因為這兩者（病理事件和正常事件）之間的界限並不是那麼明確地劃定的，在很大程度上，它們的機制是相同的，而更為重要的是，這些變化是發生在自我本身內部，或是他們在面對自我時與它格格不入——在後一種情況下，這些變化應視為症狀。

為了闡明我的觀點，我將從我所掌握的大量材料選出一些涉及性格形成的病例。例如，某個年輕女孩形成了與她母親極端相反的性格，她培養自己具備了在她看來母親沒有的性情，同時避免了任何引起她想到母親的所有特徵。可是我們不要忘了，在她幼年的時候，她像任何別的女孩一樣，一直處處模仿母親。只是到了後來，她卻逐漸起勁地反抗這種認同。然而，當這個女孩結了婚，為人妻為人母之後，我們卻驚奇地發現，她變得愈來愈像她從前曾經格格不入的母親，她原來克服了的那種對母親的認同作用最終不可置信地重新樹立，並且再次明顯佔了上風。對男孩們來說，也存在類似的情形。就連偉大的歌德也是如此：在血氣方剛的青少年時代，他當然不太尊重他那固執己見而又嗜好引經據典的父親，可是在老年時期，他卻形成了與他父親一樣的性格特徵。被比較的父子或母女之間的性格差異愈大，這

種結果就愈明顯。有個男孩，他命中註定要隨一無是處的父親生活和成長。儘管如此，他卻長大成為一個能幹的、值得信任而且令人尊敬的男子。但是，在他壯年的時候，他的性格發生了倒轉，從那時起，他為人處事好像總是以他父親做為榜樣。為了不至於離題太遠，我們必須記住，在這種過程的開始時期，總是存在著對自幼生活在一起的父親的認同作用。這種認同隨後被棄絕，甚至走向了反面，可是最終又不知不覺地確立起來。

童年生活前五年的經歷會在人的一生中具有決定性的影響，以後生活的事件都無法挽回這種影響；這在很早以前就已成為一種常識。這種童年初期經驗怎樣對抗成熟之後要矯正它們的努力，這一問題值得探究，我們也可以談出點東西，但這個問題與本文的主題無關。不過，當我們有理由確信，孩子們的心理器官還未能完全勝任接受某種經驗時，該經驗會產生最強烈的強迫性影響，這也許就不再是那麼眾所周知的常識了。這種事實本身無可懷疑，但它是那樣令人迷惑，我們也許可以藉一個比喻使它更易於為人理解：這種過程可以比做一張底片，過一段時期它又可以被重新顯影，洗印成相片。在這裏，我樂於舉一個富於想像力的作家 E. T. A. 霍夫曼為例，他懷著作家們所特有的自信，預示了我們這個令人不愉快的發現。當他還是媽媽懷中的嬰兒時，他曾跟

隨母親坐郵政馬車做了一次為期幾週的旅行。在此期間他看到了許多人和事，留下了深刻印象。在他後來創作的時候，他藉著這些印象虛構了許多人物。一個人並不可能理解，也不可能記住兩歲時期經歷過的事件，但這些事件可能在他後來的夢中出現；只有透過精神分析治療，他才能開始意識到那些事件。然而，在他後來的生活中，這些事件隨時都可能以強迫性衝動的形式闖入他的生活，指引他的行動，迫使他同情或不同情某些人，並且經常以某種很難從理性基礎上加以解釋的偏好來選擇戀愛對象。在我們探討的事實中，下面兩點顯然是不容誤解的。

其一是所涉及時間的久遠性❸，我們在此把它當成一個真正具有決定性的因素來考慮——比如說，在我們列為「無意識」童年時期經驗的特殊記憶狀態中。我們期望在這種特徵當中尋找到和一個民族心理狀態（我們一直試圖把這種心理生活歸因於歷史傳說）的相似之處。當然，要把無意識概念引入群體心理學不是一件輕而易舉的事情。

引起神經症的那些機制經常能幫助我們發現自己正在尋找的那些現象。在神經症中，同樣是童年期那些決定性的經驗起作用，然而在這種情況下強調的不是那種**時間**因素，而在於那一事件的過程以及由此引起的反

應。我們概略地表述如下：由於某種經驗的緣故，一種要求獲得滿足的本能需要產生了。自我拒絕了這種滿足，要麼是因為這種過分的需要使它無力應付，要麼是因為它覺得這種需要隱含著危險。其中第一個理由更為主要，這兩者都最終避免了危險情境的發生。自我透過壓抑過程防止了這種危險。本能衝動被以某種形式抑制下來；而它的刺激，以及屬於這種刺激的觀察和知覺則被忘卻了。不過這並不是上述過程的終結，要求獲得滿足的本能或者仍然保持著它的力量，或者將重新獲得這種力量，以便東山再起，或者，這種力量將由於一種新的刺激性誘因被喚醒。它將重新提出自己的要求，而且，由於達到正常滿足的途徑被我們所謂的「壓抑的疤痕」阻截，它在某些薄弱環節為自己開闢了一條新的途徑，達到了那所謂的替代性滿足。由於既沒有得到自我的同意，也沒有得到自我的理解，這種替代滿足現在表現為一種症狀。所有這些症狀形成的形象都可以被公正地稱之為「被壓抑意識的再現」。然而，它們當中的最特別之處在於，這些再現出來的資料與其原始狀態相比，已經遭受了嚴重的歪曲。這裏也許有人會反對說，在這最後一組事實中，已經使我們完全偏離了正題；他們會認為上述內容與傳說沒有相同之處。但是，如果這已經使我們更容易解決本能的克制這一問題，我將不會覺得

慚愧。

八　歷史的真理

　　為了使人們更相信，摩西宗教只是做為一個傳說時才對猶太民族產生影響的，我們已經探討了所有這些心理學上發生的轉變。或許我們所獲得的只不過是一定程度的可能性。然而，我們不妨假設，我們已經完全成功地證明了它。但即便如此，讀者可能只得到這個印象：我們無非只滿足了所要求的事物的質量因素，而並沒有滿足數量因素。和宗教——當然也包括猶太教——起源有關的一切，都有某種宏大的成分，而這和我們迄今所做的解釋並不相吻合。其中一定包括了某種其他因素，它是一種難以類比、也決非同一種類的因素，多少有點獨特，其大小與源出之物多少有點相當，就像宗教本身那樣。

　　現在讓我們從相反的方向來解決我們的問題。我們已經理解，原始人非常需要一個上帝來做為世界的創造者，做為部落的首領，也做為個人的保護者。這個上帝是那些部落死去的父親的後盾，對此，傳說總是仍有很多話要說。後代的人類——例如我們時代的人類——在這方面的表現依然如故。他同樣保留著孩子氣，並且需

要保護，甚至當他完全長大成人時也是如此；他感到自己不能沒有上帝的支持。如此眾多的事實是不容懷疑的。但是人們心目中為什麼只能存在一個上帝？為什麼從單一神教❸到一神教的發展能夠獲得如此壓倒的優勢？這卻不是那麼容易為人所理解的問題。當然，如前所述，那些信奉上帝的人分享著祂的偉大，這個上帝愈有力量，祂所給予的保護也就愈可靠。然而，上帝的力量也沒必要非得以祂做為唯一神為先決條件才能體現；如果在祂之下還有其他神，許多民族就讚美祂這個主神；他們認為祂並未因為在祂身邊有其他諸神的存在而失去祂的偉大。如果這個上帝成為普遍性的，並且同等地照料所有的國家和民族，那也就意味著喪失某些親密關係。這好比說一個民族和其他民族一起分享這個上帝。這一點能夠進一步表明，關於唯一上帝的觀念本身標誌著精神發展的進步；但是，這一點不能被過度高估。

不過，虔誠的信徒們知道如何恰當地填補這種動機因素中明顯的空白。他們說，一個神的觀念之所以對人類產生如此巨大的作用，是因為它是不朽真理的一部分，這個被長期埋沒的不朽真理終於顯露出來，而且此後必將伴隨每個人的一生。我們必須承認，這種因素畢竟是一個使這一偉大主題及其偉大效果相匹配的因素。

　　我們也樂於接受這種解決問題的方法，但我們仍然心懷疑慮。這個虔誠的論據是建立在樂觀主義和理想主義前提之上的，它不可能在其他方面表現出具有認識真理的任何特殊傾向。相反的，我們毋寧發現，倘若沒有預先警告，我們的理智很容易誤入歧途，什麼東西也不如能符合我們的願望幻覺的東西（不論它是否是真理）更容易使我們相信的了。為此，我們不得不對我們的論據有所保留。我們也相信這種虔誠的解決方法包含著真理——但這是歷史的真理，而不是物質的真理。我們有權來糾正真理復歸時所受到的某種歪曲。也就是說，我們並不相信當今只有一個偉大的神，而是認為在原始時代只有一個在當時看起來一定十分偉大的人，他後來又重新回到人們的記憶中，並被提高到了神聖的地位。

　　我們曾經假定，摩西宗教開始受到拒斥和部分遺忘，後來則做為一個傳說而重新表現出來。我們現在假定，這個過程正在第二次被重複著。當摩西為該民族帶來一個神的觀念時，這並不是什麼新奇的事，而是意味著復興了早在人們的意識記憶中消失了的人類大家庭在原始時代的經驗。不過，它曾經是如此重要，並曾為人類生活中如此深刻的變化開闢或鋪平了道路，以至於我們不得不相信，它曾在人類心靈中留下一些永不磨滅的痕跡，這些痕跡堪與某種傳說相比擬。

　　對不同個體進行的精神分析使我們認識到，他們在幾乎還不會講話時獲得的最早期印象，後來將以一種強迫症的形式表現出來，儘管那些印象本身並沒有意識地記憶下來。我們相信對人類的最早期經驗也同樣可以做出這樣的假設。關於唯一上帝的觀念就是由此產生的，這個觀念完全應該被看成是一種記憶；當然，它是一種被歪曲了的記憶，但畢竟是一種記憶。它有一種強迫性特徵，從根本上說它**應該**被當成既成事實，為人所相信。就它所遭受的歪曲程度而言，它也許可以被稱為一種妄想；而就迄今為止能夠重現過去而言，它應該被稱為**真理**。精神病妄想也包含著一點真理，病人的說服力就由此而來，並且擴大成圍繞著它的整個妄想性的謊言。

　　下面幾頁談到的內容，幾乎都是我在本書第三篇論文（即本文）第一部分裏提及過的，在這裏只是稍做修正而已。

　　1912 年，我曾在《圖騰與塔布》一書裏設想過重建產生所有這些影響的古代情境。這樣做時，我利用了達爾文、阿特金森和羅伯遜・史密斯等人的理論觀點，特別是利用了羅伯遜・史密斯的理論，並且把他的理論與精神分析學實踐中的發現和設想結合起來。從達爾文那裏，我借用了下述假設：人類最初是在小型遊牧群體中

生活的，每一群體都在一個年長的男性統治之下，他用
野蠻的暴力實施統治，獨佔所有的女性，並奴役或殺害
所有的年輕男性，包括他自己的兒子。沿著這一思路走
下去，我從阿特金森那裏接受了下述設想：由於兒子們
的反抗，這種父權制度走到了末路，兒子們團結起來反
抗父親並戰勝了他，一起把他生吞活剝了。遵循著羅伯
遜・史密斯的圖騰理論，我認為這種原來由父親統治的
群體後來被圖騰制的兄弟部落所取代。為了能夠彼此相
安無事，那些取得勝利的兄弟們放棄了群體內的女人，
殺掉了父親，同意實行族外通婚。父親的權力被打破
了，家庭開始由母權來管理，在後來的整個發展階段，
兒子們對父親的矛盾情緒都起著作用。某種動物被定為
圖騰來代替父親的位置，牠代表著他們的祖先和保護
神，任何人都不准傷害和殺掉牠。然而，每一年中，整
個部落的男性都要匯集起來舉行一次慶典宴會，在這次
宴會上，那種在其他時間和場合一直被尊崇的圖騰動物
被宰殺並分成碎塊被眾人吃掉。每個人都必須參加這次
宴會：它是謀殺父親的情景儀式性的莊嚴重演，在這個
過程中，社會秩序、道德戒律和宗教等都得以誕生。羅
伯遜・史密斯所描述的圖騰宴與基督教聖餐的相似之處
已經使在我之前的許多作者們感到震驚。

　　我至今仍然堅決支持這種思維程序，由於我沒有在

最近出版的著作裏改變我的觀點，我已經頻繁地遭到攻擊，因為實際上現在許多民族誌學家都毫不糊塗地放棄了羅伯遜‧史密斯的理論，並且在某種程度上提出了與它完全不同的理論來取代它。我應該說明，我是非常了解科學領域中這些尚未證實的進步跡象的。然而，究竟是這些新觀點正確？還是羅伯森‧史密斯的理論有誤？我看這兩者都缺乏說服力，都不能下定論。矛盾的東西並不一定互相排斥，某種新理論也不必然標誌著進步。況且，說到底，我並不是一個民族誌專家，而是一個從事精神分析學研究的學者。我有權利從這些民族誌資料中選取對我的精神分析學研究有益的資料。極富天才的羅伯遜‧史密斯的著作為我提供了有價值的觀點，也為我提供了運用這些觀點的可貴建議。我自己找不到任何理由與他的反對者同流合污。

九　歷史的發展

　　我在這裏不可能重述《圖騰與塔布》一書的詳細內容，但是我必須解釋清楚，我所設想的那些發生在原始時代的事件和一神教在歷史上的勝利之間存在著長時期的間隔。在兄弟群體、母權制、族外通婚和圖騰制度交錯建立起來之後，歷史上出現了一個緩慢的發展過程，

我們必須把它描述為「被壓抑的復歸」。我們這裏不是把「被壓抑的」這個名詞當成專門術語來使用，而是指一個民族生活中某種過去的、消失了的、被克服了的東西。我冒昧地把它和個體心理生活中的被壓抑材料相比較。我們不能僅憑蜻蜓點水的粗糙印象就斷定，在原始的混沌時代中那種過去的東西是以什麼形式存在的。要把個體心理學的概念轉換到群體心理學中去，頗費周折，而且我覺得，介紹一種「集體」無意識概念，並不能保證我們可以獲得任何東西。但是，無意識的內容確實是集體的，是人類普遍具備的所有物。因此，眼前的問題我們只有運用類推的方法來研究。我們這裏所探討的某個民族的生活過程與我們所知的精神病理學中的那些過程非常相似，但又不是全部相同。我們只能得出這樣的結論，接受這樣的假設：即原始時代的那些心理沉澱已經成為一種遺產，每一代新人都只需重新喚醒它，而不必獲得它。這裏我們可以用語言象徵手法為例來說明：它顯然是一種與生俱來的能力，起源於語言能力發展的階段，所有的幼兒在未經特別訓練之前就都對此很熟悉，無論操什麼語言的民族都是如此。至於我們尚無把握確定的東西，我們可以從精神分析學家研究的其他成果中得到。我們發現，在許多重要的關係當中，兒童們對於事物的反應並不是以自身的經驗為依據，而是像動物一

樣做出本能性的反應。這種反應方式只有用種族遺傳的
觀點才能解釋。

　　被壓抑的復歸是緩慢發生的，而且肯定不是自動地
發生的，而是在充滿人類文明史的生活條件所產生的所
有社會變遷的影響下發生的。在這裏，我對這些決定因
素所做的考察，只不過是對這種復歸的各個階段做些片
段的說明。父親再次成為家庭的首腦，但他再也不像原
始部落的父親那樣擁有絕對權力了。在至今仍然可以清
晰分辨的一系列變化過程中，圖騰動物被唯一神所取
代。最初的時候，這個具有人形的神仍然長著一個動物
的腦袋；後來，祂寧願把自己變成那個特別的動物，此
後這個動物變成了祂的聖物，成了祂最喜愛的侍從；或
者是祂殺死了這種動物，以牠的名稱當做祂自己的稱
號。在出現圖騰動物和出現神之間的過渡時期，英雄出
現了，他通常是把人神化的早期階段，關於一個最高的
神的觀念似乎很早就開始了，最初只是以一種模糊的方
式，並未引起人們的日常興趣。隨著各民族和部落結合
成為更大的單位，這些神也組織成了家族，並且分化出
等級秩序。其中有一個神常被提升為超越於諸神和人之
上的最高統治者。此後，人們猶豫不決地採取了進一步
的措施，那就是只尊重一個神；最後人們做出決定，把
所有的權力只授予一個單一的神，而且不容忍除祂之外

的其他諸神的存在。只有這樣，原始部落父親的那種最高權威才得以重建，對他的那些感情才再次得以表達。

把人們長期思念和渴望的上帝迎接回來，這一事件最初所產生的影響是壓倒一切的。這就像傳說中描述的在西奈山上制定和賦予法典時的情形一樣。猶太人對在上帝眼裏發現如此恢宏的恩澤而感到傾慕、敬畏和感激。摩西宗教除了對父親之神的這種積極情感之外，一無所知。在部落父親的那些柔弱無助、被嚇壞了的兒子們那裏，堅信上帝的不可抗拒性，服從他的意志等，從來沒有如此毫無疑義過──確實，只有當這些感情轉變到原始時代的和嬰兒時期的情境中，我們才能充分理解這些感情。一個兒童的情緒衝動是非常強烈和極其深刻的，在一定程度上遠非成人可比；只有對宗教的迷狂才能使這些衝動重新表現出來。這樣一來，人們對偉大父親復歸的第一個反應就是一種獻身上帝的狂熱激情。

父神宗教所採取的方向就以這種方式永久地固定下來了。但是，這並沒有結束其發展進程。情感矛盾心理是父子關係實質的一部分：隨著時代的發展，敵意也不會不受到觸動，這種敵意曾經驅使兒子們去殺死他們既崇敬又畏懼的父親。在摩西宗教的框架中，沒有可以直接表達殺死父親的敵意。能表現出來的所有一切就是對它做出強有力的反應──即由於這種敵意而引起的負罪

感，由於曾經犯下了反對上帝之罪，而且由繼續犯這種罪造成的邪惡良心所引起的罪疚感。這種罪疚感——它曾不斷地被先知們所提醒，不久便成為宗教體系的一個基本組成部分——表面上還有另外一種動機，這一動機巧妙地掩蓋了其真實根源。對猶太民族來說，情況變得愈來愈糟，受到上帝寵愛的希望一直未能實現；要保持成為上帝特選子民的幻覺，亦即比任何別的民族都更受寵愛，已經不那麼容易了。如果他們希望避免放棄這種幸福，那麼，由於他們自己犯罪而引起的罪疚感，就為申明上帝無罪提供了頗受歡迎的方式：即由於他們沒有服從上帝的命令，他們應該受到上帝的懲罰。而且，受到滿足這種罪疚感需要的驅使（這種罪疚感是不能滿足的，更何況它們有著更深的根源），他們必須把那些宗教禁令制訂得更加嚴格和細緻，甚至更加瑣碎。在新的道德禁慾主義狂熱中，他們對自己施行了新的愈來愈多的本能克制，而且透過這些方式達到了——至少在宗教教義和道德箴言中——古代其他民族都未能達到的道德高度。許多猶太人把達到這種道德高度視為他們宗教的第二個主要特點和第二個主要成就。它與第一種成就——即唯一神的觀念——聯繫的方式，在我們的講述中應該很清楚明白了。但是，所有這些道德觀念都不可能否認它們起源於一種負罪感，這種負罪感是由於對上帝的敵

意受到壓制而引起的。它們具有強迫性神經症反向作用的特點——這種特點是不完全的，而且不可能是完全的；我們也能猜出，它們是服務於懲罰和治罪這一祕密目的。

進一步的討論引導著我們跨越了猶太教的範圍。從原始父親這一悲劇中所恢復的其他因素，不再以任何方式與摩西宗教相一致。那些時代的負罪感已不再僅限於猶太民族；它像一種沉悶的疾病糾纏著地中海沿岸各民族，這是一場災禍的前兆，誰也找不到任何理由解釋這一現象。我們時代的歷史學家們說它是一種古代文明的老化，但是我懷疑他們只掌握了這些民族抑鬱心境的一些偶然的和部分的原因。對這種抑鬱情境的說明是由猶太人首開先河的。儘管在周圍世界中有各種非常類似的、切近的探索和準備工作，最先認識到這種情況的畢竟是一位猶太人，即塔瑟斯的掃羅（Saul of Tarsus，他成為羅馬公民後，自稱為保羅）。他認為：「我們之所以如此不幸，就是因為我們殺死了上帝父親。」完全可以理解，他只能以幻想地偽裝成喜訊的形式來把握這種真理：「我們已經從所有罪惡中被拯救出來，因為我們當中的一個人為了開脫我們的罪責而犧牲了他的生命。」在這種說法中，殺死上帝的事當然沒有提到，但是，必須透過犧牲一條生命才能贖還的罪惡，卻只能是一種謀

殺。而且，透過保證犧牲的人是上帝的兒子，從而為幻想和歷史真理之間的關係提供了媒介，藉著從歷史真理的源泉中獲得的力量，這種新的信念便掃除了一切障礙。被上帝選中的愉悅感被獲得贖救的解放感所取代。但是，在回到人類記憶的過程中，弒父這個事實卻不得不克服比其他事實更強烈的抵抗，這個事實構成了一神教的主題❹；它也不得不受到更強有力的歪曲。這種無法言傳的罪惡被一種必須描述為含糊其詞的「原罪」的假說取而代之。

　　原罪和以犧牲而做出的贖罪成為保羅所建立的新宗教的基礎。在反叛原始父親的兄弟群中是否有一個參與謀殺行動的頭目和鼓動者？或者這個人物是否是後來富有創造力的藝術家們透過想像而虛構出來的（其目的旨在使他們成為英雄），然後再引入傳說中來？對這些問題我們尚不能提出確定無疑的回答。在基督教教義打破了猶太教的基本觀念之後，它從許多其他來源中吸收了一些成分，放棄了純粹一神教的許多特點，並使自己在許多細節方面適應了地中海沿岸其他民族的儀式。彷彿是埃及再次對阿肯那頓的後繼者們施行報復似的。值得注意的是這種新宗教是怎樣處理父子關係中那種古老的矛盾心理的。的確，它的主要目的與上帝父親重新協調一致，補贖因反對祂而犯下的罪；但是，這種感情關係的

另一面卻表現在下述事實中：以自身來贖罪的兒子自己
成了父親身旁的一個神，實際上便取代了父親；起源於
一種父親宗教的基督教變成了一種兒子宗教，它並沒有
逃脫不得不廢黜父親的命運。

　　猶太民族中只有一部分人接受了這種新宗教，那些
拒絕接受的人今天仍然被稱為猶太人。由於這種分裂，
他們比從前更加遠離其他民族，他們必定遭受來自新宗
教團體的譴責，即譴責他們曾經殺害了上帝。除了猶太
人之外，這種新宗教團體還包括埃及人、希臘人、敘利
亞人、羅馬人以及日耳曼人。我把這種譴責的全部內容
抄錄如下：「他們不肯承認他們殺害了上帝，而我們卻
承認了，並且因此滌除了這種罪惡。」這樣，要理解這
種譴責背後所包含的真實情況就容易了。為什麼猶太人
未能加入這種儘管存在許多歪曲但卻承認了殺害上帝罪
行的進步行列當中，這一問題也許將成為一項特別的研
究題目。在某種意義上，可以說，他們透過這種方式肩
負了一種悲劇性的罪惡，他們已經註定要為之蒙受沉重
的苦難。

　　我們的研究也許已經能在某種程度上表明猶太民族
怎樣獲得使自己變得突出的那些性格特徵。他們何以能
夠成為一個實體並存留至今，這個問題顯然不如上一個
問題那麼容易解決。然而，公正地說，我們不可能指

望、也沒有理由要求對這種謎一樣的問題做出詳盡無遺的回答。鑑於我在本書開頭提到的那些局限性，我所能做的貢獻也只能到此為止了。

註 釋

❶指前面的第一篇和第二篇論文，現在開始的是第三篇。

❷佛洛伊德並不贊同其同時代人蕭伯納的見解，他認為，如果人能活到 300 歲，那麼任何好事都能夠做到。佛洛伊德覺得，除非生活條件發生很多其他的根本變化，不然的話，生命的延續將一無所獲。

❸佛洛伊德似乎在四年前（即 1934 年）就已經開始了本文的寫作，或許在 1936 年做過第一次較大的修改。

❹在這裏，佛洛伊德是從關於摩西的第二次研究（也就是第二篇純粹歷史的研究）的摘要開始的。這些研究成果不會遭致任何新的批評，因為它們形成了心理學探討的前提，這種心理學分析從它們開始，並且不斷地回到它們那裏去。

❺例如，在特勒‧埃爾‧阿馬爾那發現的一家雕刻工廠的主人也叫這個名字。

❻這與《聖經》裏的有關記載相吻合，〈民數記〉（14, 33）就有在荒野中遊蕩四十年的記錄。

❼因此，我們應當把西元前 1350 年（或者 1340 年）至西元前1320 年（或者 1310 年）做為摩西時期；西元前 1260 年或以後做為夸底斯時代；把邁爾奈普塔石碑定在西元前 1215 年以前。

❽Auerbach, *Wüste und gelobtes Land*, Bd. Ⅱ, 1936.

❾這是麥考利（Macaulay）的《古羅馬敘事詩》一書所依據的基礎材料。在這本書裏，他把自己置於吟遊詩人的位置，這位吟遊詩人出於對自己時代煩亂複雜的黨派之爭的壓抑感，向他的聽眾們展示了他們的祖先是如何充滿自我犧牲、團結一致的愛國主義精神。

❿假如一個人準確地把這些早期階段情況的考察和考慮排除開來，且還說是在進行精神分析，這簡直就是胡扯、荒唐，也就像某地方所發生的。參見佛洛伊德在他的《精神分析運動史》（1914d）中對榮格觀點所做的批評。

⓫參見《精神分析導論講演》（1916-1917）第 13 講。

⓬參見《兒童的性理論》（1908c）。

⓭對內部精神現實和外部世界現實之間的區別在 1895 年的《科學心理設計》（1950a）一書第三部分第二節中已經做了劃分。

⓮佛洛伊德總是用這個術語，意思是指一個小型的、或多或少組織起來的群體。參見《圖騰與塔布》。

⓯這是第二部分第五節的主題。

⓰這句話出自特突里安（Tertullian）。佛洛伊德在《一個幻覺的未來》（1927c）中對此做過討論。

⓱「錫安山」（Zion）是耶路撒冷的一座山，被猶太人視為聖地。「錫安山長者」的陰謀意指猶太復國主義。

⓲「精神上的進步」是本文第二部分第四節的題目。

⓳歐內斯特・瓊斯（Ernest Jones）指出殺死公牛的密斯拉神（the god Mithras）可能代表著這個炫耀自己行為的頭目。眾所周知。密斯拉崇拜很久以來一直與年輕的基督教信仰爭奪最後的勝利。

⓴關於這個主題，可參見弗雷澤（Frazer）在《金枝》（*The Golden Bough*, 1911）的第三部分〈瀕死的上帝〉（The Dying God）中所做的著名討論。

㉑不過，在下面我們將發現對超我所做的一些討論。

㉒在《精神分析導論講演新篇》（1933a）第 31 講中有更全面的說

明。

㉓在這裏以及本段的其餘部分使用的德文詞是 "Instinkt"，而不是 "Trieb"。

㉔德國詩人希勒（Schiller）的詩《希臘的神祇》。

㉕佛洛伊德在《精神分析導論講演》第 24 講開頭，用更長的篇幅說過類似的話。

㉖在古代，經常有一些侮辱性的表達。其中猶太人曾被攻擊為麻瘋病人（參見曼尼索 Manetho 的《埃及史》英文譯本，1940，p.119）。當然，這種侮辱性表達帶有心理投射的意味：「他們不和我們接近，好像我們是麻瘋病人似的。」

㉗佛洛伊德在《五個講座》（1910a）的第三部分之前，就論及這一觀點。他早就堅持多因性這一事實，參見他的《歇斯底里研究》（1895d）第四章第一節。

㉘然而，我有必要提高警惕，防止可能的誤解。我的意思並不是說，由於這個世界極其複雜，因此每種斷言都必須指某種真理，並非如此。我們的思想保有創造的自由，它能夠發現現實中的因果關係，也能創造出現實中沒有的思維附屬物和聯想；很明顯的，它極其珍視這種才能，因為無論在科學領域內部還是外部，它都在盡其所能地大量運用這種才能。

㉙德文 "der gross Mann" 的意思既是指「偉人」也指「個子高的人」或者指「大人。」

㉚Frazer, op. cit., p.192.

㉛該理論曾一度認為，阿肯那頓的母親蒂耶（Tiye）女王的原籍在國外，她由於發現了她的父母在底比斯的墓地而被拋棄了。

㉜這三部悲劇的主題是阿伽門農被他的妻子克呂泰默特拉謀殺，他們的兒子奧列斯特替父報仇而殺死其母，他受到復仇女神的追捕，經雅典最高法院審判，宣判無罪。

㉝指在語言開始發展和母權制結束之間的那段時期。

㉞據說他躲在棺材裏逃生，在羅馬將軍的准許之下，在耶路撒冷

以西的海邊小鎮上開設了一座經學院，講授「摩西五書」（西元
70 年）。

㉟ 在原版中寫的是：「在文化意義上更為重要的選擇。」

㊱「對亂倫的恐懼」是《圖騰與塔布》（1912-1913）中第一篇論文
的主題。

㊲ 這是對《浮士德》第一部分第四幕中摩菲斯特所說的一句嘲笑
的話中的暗指。

㊳ 這裏，詩人歌德的話也許可以為我們作證，為了說明他的情
感，他想像（參見《歌德全集》，卷 4，魏瑪版，頁 97）：

　　愛情，我們在過去的生活中都經歷過，
　　你是我的妹妹或妻子。

㊴ 單一神教（henotheism），從眾多神祇中特選一神來加以敬奉，
但不否認其他神的存在。

㊵ 意即原始父親的存在這一事實。

國家圖書館出版品預行編目資料

摩西與一神教／佛洛伊德（Sigmund Freud）作；
　張敦福譯. -- 初版. -- 臺北市：臉譜出版：城邦
　文化發行, 2004〔民93〕
　　　面；　公分. --（一本書系列；FB0007）
　譯自：Moses and monotheism
　ISBN 986-7896-62-9（平裝）

　1. 精神分析論

175.7　　　　　　　　　　　　　　92018270